ADAGIA SELECTA
JULIO RECHAZADO DEL CIELO

Erasmo de Rotterdam

ADAGIA SELECTA
& JULIO RECHAZADO DEL CIELO

la tempestad | ficción

Adagia Selecta

Primera edición: marzo de 2018

Erasmo de Rotterdam

© Traducción: José Campos
© Prólogo de José García Roca
© de esta edición: Ediciones de La Tempestad SL, 2018

Imagen de cubierta: collage sobre el grabado de Erasmo de Cornelis Koninck (1580)

Selección realizada sobre la edición de Erasmus von Rotterdam: *Adagiorum Chiliades*. Tomo VII de las *Obras Selectas de Erasmo de Rotterdam* de la Wissenschaftliche Buchgeselhchaft. Darmstadt, 1972.
Dialogus. Julius exclusus e coelis. Epigramma Erasmi in Juliun II Wissenschafliche Buchgessellschaft. Darmstadt, 1968. Edición de Gertraud Christian.

Ediciones La Tempestad®
c/ Pujades, 6 - Local 2
08005 Barcelona
Tel: 932 250 439
E-mail: info@llibresindex.com
www.edicionestempestad.com

ISBN: 978-84-7948-147-6
Depósito legal: B-7.479-2018
Impreso en la Unión Europea

Bajo las sanciones establecidas por la legislación, están rigurosamente prohibidas, sin la autorización escrita de los titulares del copyright, la reproducción parcial o total de esta obra mediante cualquier procedimiento mecánico o electrónico, y la distribución de ejemplares mediante alquiler o préstamo público.

Índice

7 Los *Adagios* de Erasmo
15 **Introducción**
19 **Excusa y motivo**

Adagios 21 ❧ Todo es común para los amigos/*Amicorum communia omnia* 23 ❧ Verter aceite sobre el fuego/*Oleum camino addere* 25 ❧ Lechuzas a atenas/*Ululas Athenas* 25 ❧ Tantos hombres, tantos pareceres/*Quot homines, tot sententiae* 26 ❧ Queriendo sin querer/ *Nolens volens* 28 ❧ Por un trozo de pan/*Frusto panis* 28 ❧ Evitada Caribdis caí en Escila/*Evitata Charybdi in Scyllam incidi* 28 ❧ Huyendo del humo, caí en el fuego/*Fumun fugiens in ignem incidi* 31 ❧ Tener miedo de su propia sombra/*Umbran suam metuere* 32 ❧ Ni el zapatero más allá de sus sandalias/*Ne sutor ultra crepidam* 33 ❧ Lo que está por encima de nosotros no nos incumbe/*Quae supra nos, nihil ad nos* 34 ❧ Conócete a ti mismo/*Nosce teipsum* 34 ❧ Nada en demasía/*Ne quid nimis* 36 ❧ Muchos llevan Tirsos, pocos son Baco/*Multi Thyrsigeri, pauci Bacchi* 38 ❧ Con la leche de la nodriza/*Cum lacte nutricis* 39 ❧ Vivir al día. Vivir despreocupado/*In diem vivere. Extempore vivere* 39 ❧ Llegaste después de la fiesta/*Post festum venisti* 40 ❧ De una mosca haces un elefante/ *Elephantum ex musca facis* 40 ❧ Date prisa lentamente/*Festina lente* 41 ❧ Estamos en la misma nave/*In eadem es navi* 53 ❧ Tener un pie en la barca de Caronte/*Elterum pedem in cymba Charontis habere* 54 ❧ Proclamas de Arquíloco/*Archilochia edicta* 55 ❧ Un siciliano el mar/*Siculus mare* 55 ❧ Cantas siempre la misma canción/*Cantilenam eadem canis* 56 ❧ Suplicios de Tántalo/*Tandali poenae* 56 ❧ Comer lotos/*Lotum gustavit* 57 ❧ Los perros de Promero/*Promeri canis* 58 ❧ Desnudo como recién nacido/*Nudus tanquam ex matre* 58 ❧ Es vergonzoso permanecer largo tiempo y volver de vacío/*Foedum est mansisse diu, vecuumqe redisse* 58 ❧ Más casto que Melanión/*Melanione castior* 59 ❧ Es colosal/*Colossi magnitudine* 59 ❦ Ir contra la corriente/*Contra torrentem niti* 60 ❦ La cena pontifical/*Pontificalis coena* 60 ❦ El largo paso del tiempo corrompe la piedra/*Vitiat lapidem longum tempus* 61 ❦ Aquí rodas, aquí un salto/*Hic Rhodus, hic saltus* 62 ❦ Cantarán los cisnes cuando callen los grajos/*Tunc canent cygni, cum tacebunt graculi* 62 ❦ Por la picadura de una pulga, a Dios invoca/*In pulicis morsus deum invocat* 63 ❦ Cabeza vacía de cerebro/*Caput vacuum cerebro* 63 ❦ Con la cabeza descubierta/*Nudo capite* 64 ❦ La guerra es el padre de todas las cosas/*Bellum omnium pater* 64 ❦ Piel de león sobre túnica de azafrán/*Leonis exuvium super crocoton* 65 ❦ Pongo, prudente, la mano en el fuego/*Prudens in fammam mitto manum* 65 ❦ Palpar en las tinieblas/*Palpari in tenebris* 65 ❦ El lobo en la fábula/*Lupus in fabula* 66 ❦ Con la unión se afianzarán incluso las fuerzas pequeñas/*Concordia fulciuntur opes etiam exiguae* 66 ❦ Breve es la vida humana/*Vita mortalium brevis* 66 ❦ El etíope no emblanquece/*Aethiops non albescit* 67 ❦ El ojo de la justicia/*Justitiae oculus* 67 ❦ Hoy nadie, mañana el más grande/*Hodie nullus, cras maximus* 67 ❦ A Dios nadie puede dañar/*Deo nemo potest nocere* 68 ❦ Albergar una culebra en el regazo/*Colubrum in sinu fovere* 68 ❦ El pescado empieza a oler por la cabeza/*Piscis primum a capite foetet* 69 ❦ Mala olla no se rompe/*Mallum vas non frangitur* 69 ❦ Enfermedad trágica/*Tragicum malum* 69 ❦ Los molinos de los dioses muelen lentamente/*Sero molunt deorum molae* 69 ❦ El sabio todo lo lleva consigo/*Sapiens sua bona secum fert* 70 ❦ Cual la dueña, tales las criadas/*Qualis hera, tales pedissequae* 70 ❦ Salir por el postigo/*Postigo discedere* 70 ❦ Lechos de Hércules/*Herculani lecti* 71 ❦ Al estilo Miconos/*Myconiourum more* 71 ❦ Mejor es irritar al perro que a la vieja/*Praestat canem irritare quam anum* 72 ❦ Nada se seca tan pronto como una lágrima/*Lacryma nihil citius arescit* 73 ❦ Más impenetrable que un aeropagita/*Aeropagita taciturnior* 73 ❦ Peregrinación en la vida humana/*Vita hominis peregrinatio* 73 ❦ Oído Bátavo/*Auris Batava* 74 ❦ Exigir tributo a un muerto/*A mortuo tributum exigere* 76 ❦ El espíritu maligno/*Genius malus* 81 ❦ La varita mágica/*Virgula divina* 85 ❦ El canto del cisne/*Cygnea cantio* 89 ❧ En otro mundo/*In alio mundo* 91 ❧ Dar coces contra el aguijón/*Contra stimulum calces* 92 ❧ Ni en sueños/*Ne per somnium quidem* 94 ❧ La túnica esta más cerca que el palio/*Tunica pallio propior est* 97 ❧ Fuera del alcance de los dardos/*Extra telorum jactum* 97 ❧ El mal necesario/*Necessarium malum* 100 ❧ Más mudo que los peces/*Magis mutus quam pisces* 101 ❧ La mona vestida de púrpura/*Simia in purpura* 103 ❧ El oficio alimenta en todas partes/ *Artem quaevis alit terra* 104 ❧ Beber en la misma copa/*Eodem bibere poculo* 106 ❧ Dos veces da, quien pronto da/*Bis dat, qui cito dat* 107 ❧ Prometer montañas de oro/*Áureos montes polliceri* 109 ❧ Con las manos sin lavar/*Illotis manibus* 111 ❧ Una tinaja sin fondo/ *Inexplebile dolium* 113 ❧ Date prisa lentamente/*Festina lente* 116 ❧ Juramento de amor/*Venereum jusjurandum* 140 ❧ Siempre es fiesta para los holgazanes/*Ignavis semper feriae sunt* 141 ❧ La guerra sin lágrimas/*Bellum handquamquam lachrymossum* 143 ❧ Carta de Belerofonte/*Bellerophontes litteras* 145 ❧ Que odien con tal que teman/*Oderint, dum metuant* 147 ❧ Las Yacijas de formión/ *Phormiontis thori* 148 ❧ Un laberinto/*Labyrinthus* 149 ❧ El vestido hace al hombre/*Vestis virum facit* 150 ❧ Las esperanzas sustentan a los desterrados/*Spes alunt exules* 151 ❧ Poseen el cinturón de Venus/*Cestum habent Veneris* 152 ❧ La gota constante excava la roca/*Asidua stilla saxum excavat* 153 ❧ Muchos mas adoran al sol naciente que al sol del ocaso/*Plures adorant solem orientem quam occidentem* 155 ❧ De la Academia vienes/*Ex Academia venis* 156 ❧ Escabullirse/*Ἐκπερδικίσαι* 157 ❧ Pánico/*Panicus casus* 158 ❧ Bueno es siempre el olor del dinero/*Lucri bonus est olor ex re qualibet* 160 ❧ Tonterías de viejas/*Anicularum deliramenta* 162 ❧ Algunos versos proverbiales de Homero/*Homerici versus aliquot proverbiales* 163 ❧ El perro sueña con el pan/*Canis panes somnians* 164 ❧ Cuelan un mosquito/*Culicem colant* 165 Oro probado en el fuego/*Aurum igni probatum* 166 ❧ Es mejor tener enemigos acérrimos/*Praestat habere acerbos* 167 ❧ Ni siquiera el nombre/*Ne nomen quidem* 168 ❧ Perforar un istmo/*Isthmum perfodere* 169 ❧ Cachorro melíteo/ *Melitaeus catulus* 170 ❧ Acerca Mercurio/*Mercurius supervenit* 172

§ Mirar los dientes al caballo regalado/*Equi dentes inspicere donati* 172 § Ave de las musas/*Musarum aves* 173 § Un cuervo blanco/*Corvus albus* 174 § Soberbia de la Campania/*Campana superbia* 174 § La política no es para el poeta/*Respublica nihil ad musicum* 177

179 **Julio rechazado del cielo**
180 **Epigrama de Erasmo contra Julio**
181 **Julio rechazado del cielo.** *Introducción*
188 **Diálogo.** Julio rechazado del cielo

223 **Nota bibliográfica**

Los *Adagios* de Erasmo

EN 1500, AÑO QUE CONSTITUYE una divisoria en la primitiva historia del libro impreso, Erasmo, recién llegado de su primer viaje a Inglaterra da a la estampa en París, en las prensas del alemán Johannes Philippi, el primero de una larga serie de libros que harán de él la máxima figura del humanismo cristiano y el autor —el *polígrafo*, como él solía llamarse— más impreso del siglo XVI, llegando, directamente en latín o traducido a las lenguas vulgares, a un público geográfica y socialmente más amplio que el conseguido por cualquier otro escritor hasta entonces.[1]

Este primer libro importante de Erasmo, titulado *Adagiorum collectanea*,[2] consistía en una colección de 818 proverbios o expresiones proverbiales de la Antigüedad clásica, acompañados cada uno de ellos de una glosa en la que se comentaban diversos aspectos filológicos, literarios, históricos o mitológicos del adagio en cuestión.[3] La utilidad pedagógica del libro, el caudal de información que ponía a disposición de los lectores y su elegante latinidad aseguraron el éxito de los *Adagios*.

En 1505 Philippi hizo una segunda edición, incrementada con veinte nuevos proverbios, y al año siguiente fueron nuevamente impresos en París, esta vez por Josse Bade.

---

1   Cf. Marcel Bataillon, *Erasmo y el erasmismo*, Barcelona, Crítica, 1977, p. 17.
2   *Desyderii Herasmi Roterdami* [sic] *veterum maximeque insignium paroemiarum id est adagiorum collectanea*. Erasmo, que probablemente tenía entonces treinta y un años, sólo había publicado hasta ese momento un panegírico en elogio de Robert Gaguin, incluido en el *De origine et gestis Francorum compendium* de este humanista francés, y un pequeño volumen de poemas latinos.
3   El término adagio penetraría en las lenguas vulgares debido, precisamente, a la celebridad que alcanzaría esta obra de Erasmo (cf. L.-E. Halkin, *Erasmo*, México, F.C.E., 1971, pág. 33). Para las circunstancias que rodearon esta y otras ediciones de la obra puede verse la biografía de Johan Huizinga, *Erasmo*, 2 vol., Barcelona, Salvat, 1986.

El principal estudio de conjunto sobre los *Adagios* es el de Margaret Mann Phillips, *The Adages of Erasmus. A Study with Translations*, Cambridge University Press, 1964.

Los *Adagios* entraron en una nueva etapa durante la estancia de Erasmo en Italia, tras su segundo viaje a Inglaterra. En los años transcurridos desde la primera edición, Erasmo había adquirido un gran dominio del griego. Esta adquisición, que abriría nuevas vías para su labor humanística, le permitió enriquecer sus *Adagios*, con abundantes referencias a los autores griegos. En 1508, siendo huésped en Venecia del impresor y humanista Aldo Manuzio, y a la vez que supervisaba la impresión de otros trabajos filológicos suyos, preparó una refundición de los *Adagios* que cuadruplicaba el número de proverbios de las ediciones anteriores, elevándolos a 3.260, y que llevaba el título de *Adagiorum Chiliades tres, ac centuriae fere totidem*. Aunque el humanista holandés continuará enriqueciendo su obra posteriormente, en esta edición veneciana los *Adagios* exhiben algunos rasgos de la que será su fisonomía definitiva, en particular su distribución en quilíadas y centurias.[1] El nuevo título de *Adagiorum Chiliades* también será conservado por Erasmo en las ediciones posteriores.[2]

Las dimensiones que los *Adagios* adquirían en esta edición aldina hacían de ellos una verdadera enciclopedia del mundo clásico, un nuevo "jardín de Alcínoo o arsenal de Minerva", como calificó Budé a la obra, en la que los lectores podían encontrar todo un tesoro de referencias literarias, de observaciones filológicas, de comentarios sobre instituciones, costumbres, hechos, leyendas, mitos, creencias e ideas de la Antigüedad, desde los poemas homéricos y las Sagradas Escrituras hasta las obras de la latinidad tardía; y todo ello tratado en un rico, flexible y elegante latín renacentista, el mismo que el humanista holandés llevará a su culminación literaria en el *Elogio de la locura* y los *Coloquios*

---

1   Los *Adagios* se citan habitualmente indicando la quilíada, centuria y número de orden del proverbio (según la edición definitiva). Así, *Adag.* II 4, 7 corresponde al adagio que ocupa el séptimo lugar de la cuarta centuria de la segunda quilíada, o lo que es igual, al proverbio 1307.
2   La excepción la constituyen las ediciones aparecidas entre 1526 y 1533, en las que lleva el título de *Adagiorum opus*. En la de 1536, última de las preparadas por Erasmo, se recupera el de *Adagiorum Quiliades*.

familiares. En adelante, la primacía de Erasmo entre los filólogos de su tiempo quedará establecida de manera indiscutible.

En 1513 el impresor de Basilea Johannes Froben estampó los *Adagios* según el texto de la edición veneciana; no está del todo claro si con la previa autorización de Erasmo. En todo caso, al año siguiente Erasmo viajó a Basilea, iniciando una estrecha relación con el impresor alemán, que desde ese momento se convertiría en su principal editor.[1]

La edición que de los *Adagios* prepara Erasmo para Froben en 1515 marca un nuevo momento en el desarrollo de esta obra. Además de incluir unos *Prolegómenos* en los que Erasmo trata detenidamente sobre la naturaleza, importancia y utilidad de los adagios transmitidos desde la Antigüedad, esta edición amplía las glosas de adagios ya incluidos en las anteriores y añade otros nuevos de notable extensión, en los que Erasmo va más allá del mero comentario erudito convirtiéndolos en verdaderos ensayos en los que expresa sus ideas morales, políticas, sociales y religiosas y en los que afloran los problemas del presente e incluso las experiencias personales del autor.[2] La revolución religiosa de Lutero y la guerra de los campesinos, que obligarán a Erasmo a contener su ironía y a moderar su actitud crítica, estaban aún por llegar, y en estos adagios-ensayos de 1515 esos rasgos erasmianos se despliegan con toda libertad y brillantez. El tratamiento que reciben algunos de los adagios de esta clase los dotará pronto de una autonomía propia, siendo impresos en ediciones independientes y traducidos a diversas lenguas. Entre ellos cabe destacar *Dulce*

---

1 Tras la muerte de Johannes Froben, en 1527, Erasmo mantendrá hasta su propia muerte, ocurrida en 1536, su vinculación preferente con el hijo de aquél, Hieronymus, y con sus socios en la casa editorial. Será también allí donde se publique, cuatro años después de la muerte de Erasmo, la primera edición de sus obras completas (*Omnia opera Des. Erasmi Roterodami, quaecumque ipse auctor pro suis agnovit, novem tomis distincta*, Basileae, Froben, MDXL).

2 Así, en el adagio *Festina lente*, Erasmo incluye el elogio de Aldo Manuzio y Johannes Froben, pero también denuncia la degradación mercantil en la que había entrado la imprenta, y, cuando después de la rebelión de los campesinos de 1525 vuelva sobre este adagio, añadirá unos sombríos vaticinios políticos.

bellum inexpertis, donde Erasmo convierte el adagio latino en un alegato radical contra todas las guerras; *Sileni Alcibiadis*, donde la comparación que en el *Banquete* de Platón se hace de Sócrates con las esculturas de silenos es extendida por Erasmo con gran atrevimiento (y con el consiguiente escándalo de algunos de sus contemporáneos) a la figura de Jesucristo y a las enseñanzas y prácticas del cristianismo;[1] y *Scarabeus aquilam quaerit*, en el que el tema esópico de la resistencia de los débiles frente a la tiranía le da pie a una corrosiva crítica del poder monárquico.[2] El tratamiento aparentemente divagador en los detalles, pero coherente y sistemático en el conjunto, la amenidad del estilo y el acento personal que Erasmo pone en este grupo de adagios, lleva inevitablemente a ponerlos en paralelo con los *Ensayos* de Montaigne.

Los Froben aún imprimirán en vida de Erasmo otras siete ediciones con nuevos añadidos, alcanzándose finalmente un total de 4.151 proverbios. La obra se seguirá imprimiendo una y otra vez durante las décadas siguientes; los catálogos de las bibliotecas, los prospectos de los libreros y las relaciones de libros incluidos en las testamentarías de la época dan testimonio elocuente de que los *Adagios* constituían una obra de lectura y de consulta obligadas

---

1 Rabelais, gran admirador de Erasmo, con quien mantuvo correspondencia epistolar, pedirá a sus lectores en el prólogo de su *Gargantúa* que consideren también sus obras al modo de los silenos de Alcibíades y penetren en la seria intención que se oculta debajo de las bufonerías aparentes.

2 En España, donde durante el siglo XVI se tradujeron en lengua vulgar una veintena de obras de Erasmo (cf. la bibliografía incluida en el estudio de Marcel Bataillon, *Erasmo y España*, 2ª ed., México-Buenos Aires, FCE, 1966, pp. LI-LX), sólo uno de los *Adagios* fue traducido al castellano, el ya citado *Sileni Alcibiadis*. La traducción la hizo Bernardo Pérez de Chinchón, canónigo de la colegiata de Gandía, y fue impresa en València por Jorge Costilla en 1529 (*Silenos de Alcibiades, compuestos por el muy famoso Doctor Desiderio Erasmo Roterodamo: y agora nuevamente de Latín en lengua Castellana, traducidos por el Maestro Bernardo Pérez*) reeditándola Martín Nucio en Amberes en 1555. Modernamente, Lorenzo Riber, en sus *Obras escogidas de Erasmo* (2ª ed., Madrid, Aguilar, 1964), incluyó la traducción de los adagios siguientes: "La guerra es grata a los inexpertos", "Ni muera el buey", "Oído de holandés", "Hazte el carácter del pulpo", "Los silenos de Alcibíades", "El hombre es una burbuja", "Lo mejor es no nacer" y "La misma vejez es enfermedad".

para todo aquel que se interesase por las *bonae litterae*,¹ y un útilísimo instrumento para la enseñanza de los estudios clásicos.

Es comprensible, pues, la profunda desolación con la que, desencadenada la Contrarreforma, profesores y estudiosos de los países católicos reciben la inclusión de Erasmo en el Índice de Paulo IV de 1559 como *auctor damnatus primae classis*, lo que suponía la prohibición absoluta de imprimir, poseer o leer cualquier libro al que estuviese asociado su nombre.² El vacío que dejaba la prohibición de los *Adagios* hizo que se buscara un paliativo, y en 1575 Paolo Manuzio imprimía, sin nombre de autor, una edición expurgada por una comisión de teólogos tridentinos. Esta edición, dedicada a Gregorio XIII, fue reimpresa a menudo en el siglo XVII.³

---

1   Se tiene noticia de al menos 132 ediciones de los *Adagios* publicadas a lo largo del siglo XVI (cf. Pierre Mesnard, *Érasme, ou le christianisme critique*, París, Seghers, 1969, p. 49). Ello supone que de esta obra de Erasmo se debieron de imprimir centenares de miles de ejemplares; pocos libros de ese siglo (entre ellos, los *Coloquios familiares* del propio Erasmo) alcanzaron una difusión semejante.

2   No es posible leer sin cierta conmiseración las cartas que, con gran consternación e inquietud, escriben los rectores de los colegios jesuitas al sucesor de san Ignacio al frente de la Compañía, Diego Laínez, al difundirse la noticia de la inclusión de Erasmo en el índice romano al mismo nivel que los autores de la Reforma. El cumplimiento estricto de la prohibición suponía una merma cuantiosa e irreparable en sus bibliotecas (el rector del Colegio de Loreto, por ejemplo, señala que son más de cincuenta los volúmenes de Erasmo que poseen).Los profesores católicos podían muy bien pasarse sin el *Enchiridion*, el *Elogio de la locura* o los *Coloquios*, por ejemplo (estas obras más polémicas, por otra parte, ya habían sido incluidas años atrás en índices locales o nacionales), pero ¿cómo enseñar teología o humanidades cuando las mejores ediciones (y a veces las únicas) de los Padres de la Iglesia y de numerosos autores griegos y latinos, las mejores obras de gramática, elocución y estilo, las más copiosas recopilaciones de la sabiduría de los antiguos eran las de Erasmo? En particular, los rectores de los colegios de Génova, Nápoles y el ya citado de Loreto ruegan que se busque la manera de que sus profesores puedan seguir utilizando los *Adagios*. En los colegios jesuitas establecidos en Alemania y los Países Bajos, como los de Ingolstadt y Dînant, sabemos, por otra parte, que los profesores continuaban leyendo y compendiando los *Adagios*, previo permiso expreso de sus rectores, algunos años más tarde. (Cf. Ricardo García-Villoslada, *Loyola y Erasmo*, Madrid, Taurus, 1965, pp. 253-269.)

3   *Adagia quaecumque ad hanc exierunt, Paulli Manutii studio atque industria, doctissimorum Theologorum consilio atque ope*. Florentiae, Apud Iuntas, MDLXXV. El título añadía que la obra había sido "liberada de todos los errores que pudieran

En los países protestantes siguieron publicándose ediciones íntegras de los *Adagios* hasta el siglo XVIII.[1] Con sus *Adagiorum Chiliades*, Erasmo no pretendía tan sólo dar a conocer esa sabiduría arcana acumulada por el género humano y preservada en sus obras por los autores de la Antigüedad. La obra también cumplía el propósito, presente en él desde que leyera el *De elegantia linguae latinae* de Lorenzo Valla y comenzara a redactar su *Antibarbarorum liber,* de purificar el léxico y la sintaxis del latín, corrompidos por los escolásticos, de recuperar la riqueza expresiva de los autores clásicos y embellecer el estilo con toda clase de recursos, de convertir la lengua latina en un instrumento vivo de expresión, no sólo para la cultura superior y para la comunicación internacional, sino también para la vida cotidiana de la sociedad de su tiempo. Dentro de ese proyecto se enmarcaban también otras numerosas obras suyas, como el *De copia verborum ac rerum,* el *De constructione octo partium orationis,*

---

ofender al lector piadoso y amante de la verdad católica, y desembarazada de todas las falsas interpretaciones y de numerosas digresiones tan prolijas como injustificadas." Del grado de mutilación al que fueron sometidos algunos de los adagios más objetables desde el espíritu de la Contrarreforma da idea el hecho de que el *Sileni Alcibiades*, que en la edición de Clericus (véase la nota siguiente) se extiende a lo largo de trece densas columnas in-folio, en esta edición expurgada sólo ocupa media columna (cf. P. Mesnard, o. c, p. 53).

[1] Las *Adagiorum Chiliades* constituyen el segundo tomo de la edición canónica de Johannes Clericus (Le Clerc) de las obras completas de Erasmo publicada en Leiden: *Desiderii Erasmi Roterodami opera omnia emendatiora et auctiora, ad optimas editiones praecipue quas ipse Erasmus postremo curavit, summa fide exacta, doctorumque virorum notis illustrata, in decem tomos distincta,* Lugduni Batavorum, cura et impensis Petri Vander Aa, 1703-1706 (reedición facsímil en Hildesheim, Olms, 1962). En 1969, con ocasión del quinto centenario del nacimiento de Erasmo, se inició la publicación de una magna edición crítica de sus obras a cargo de una comisión internacional: *Opera omnia Desiderii Erasmi Roterodami, recognita et adnotatione critica instructa notisque illustrata* (Amsterdam, North-Holland Publishing Co.). Han aparecido los ocho volúmenes del "Ordo secundus" previstos para las *Adagiorum Chiliades*. Por otra parte, en el volumen séptimo de las obras escogidas de Erasmo editadas por Werner Welzig junto con traducción alemana (*Ausgewählte Schriften*, 8 vol., Darmstadt, Wissenschaftliche Buchgesellschaft, 1972), se incluye una selección de algo más de un centenar de adagios, prologados y anotados por Theresía Payr.

el *De conscribendis epistolis*, las *Parabolae*, los *Apophthegmata*, el *Ciceronianus* y, sobre todo, los *Colloquia familiaria*. La pujanza con la que ya estaban cultivándose literariamente las lenguas vulgares europeas hizo inviable el proyecto, y el uso del latín iría quedando reducido a ámbitos cada vez más limitados. Pero, por lo que respecta a los *Adagios*, la influencia de Erasmo trascendió a la lengua en la que él siempre escribió y que habitualmente hablaba, despertando en otros autores el interés por los proverbios presentes en sus lenguas vernáculas.

En el caso de España, este interés se había manifestado ya en obras como la colección de *Refranes que dizen las viejas tras el fuego* atribuida al Marqués de Santillana.[1] Pero la obra de Erasmo lo acrecentó de manera notoria. Ello es patente en un erasmista como Juan de Valdés, cuyo *Diálogo de la lengua* recurre con frecuencia a ellos para ilustrar diversos aspectos del uso del castellano.[2] También lo es en la abundante colección de refranes que reunió el célebre helenista de la Universidad de Salamanca, Hernán Núñez, y que su discípulo León de Castro publicó después de su muerte.[3] Pero la influencia más directa de los *Adagios* aparece en la *Philosophia vulgar* del humanista sevillano Juan de Mal Lara, en la que se han hallado ecos de dos centenares de adagios erasmianos, y cuyo

---

1 De los *Refranes*, glosados por Pero Díaz de Toledo, capellán del marqués, dice Bataillon (*Erasmo y España*, p. 51) que "pocos libros eran tan populares en España por los días en que Erasmo publicaba en Venecia su tesoro de *Adagios*" (entre 1494 y 1516 se imprimieron siete ediciones). El mismo Díaz de Toledo recopiló unos *Proverbios* de Séneca, extraídos de las epístolas del filósofo cordobés, que fueron objeto de diez ediciones entre 1482 y 1552.

2 En esta obra, Valdés, respondiendo a la pregunta de Coriolano sobre si existe semejanza entre los refranes castellanos y los adagios latinos y griegos, afirma: "No tienen mucha conformidad con ellos, porque los castellanos son tomados de dichos vulgares, los más dellos nacidos y criados entre viejas tras del fuego hilando sus ruecas, y los griegos y latinos, como sabéis, son nacidos entre personas dotas y están celebrados en libros de mucha dotrina. Pero, para considerar la propiedad de la lengua castellana, lo mejor que los refranes tienen es ser nacidos en el vulgo" (*Diálogo de la lengua*, ed. de Juan M. Lope Blanch, Madrid, Castalia, 1969, p. 48).

3 *Refranes o proverbios en romance que nuevamente colligió y glossó el Comendador Hernán Núñez*, Salamanca, Juan de Cánova, 1555.

Preámbulos son también deudores de los *Prolegómenos* de la obra del holandés.

Es, por último, en Cervantes, cuyas ideas y actitudes erasmistas fueron puestas de relieve por Américo Castro y Marcel Bataillon,[1] donde encontramos el resultado literariamente más logrado de esa misma simpatía compartida con Erasmo hacia los proverbios o refranes, esas "sentencias breves, sacadas de la experiencia y especulación de nuestros antiguos sabios";[2] y aunque en el *Quijote* el viejo hidalgo se exaspere ante la turbamulta de refranes que su escudero en ocasiones ensarta a despropósito, el propio don Quijote no puede evitar utilizarlos, incluso en el momento mismo en que reprende a Sancho por hacerlo. Y es que en esos refranes castellanos está presente el mismo laconismo, discreción, agudeza e ironía que Erasmo admiraba en los adagios griegos y latinos. La sabiduría rústica y la sabiduría cultivada encuentran en los proverbios su punto de confluencia. Por esa razón, tanto Sancho como don Quijote recurren con frecuencia, para guiar su conducta o para hallarle el sentido a la situación en que se encuentran, a ese bagaje de pequeñas joyas heredadas de los antiguos que siempre transportan consigo en su memoria. Pues, en definitiva, *sapiens sua bona secum fert*.[3]

José García Roca
Departamento de Filosofía
Universitat de València

---

[1] Del primero véase "Erasmo en tiempo de Cervantes" en *Hacia Cervantes,* 3a ed., Madrid, Taurus, 1966, y "Cervantes y el *Quijote* a nueva luz" en *Cervantes y los casticismos españoles,* Madrid, Alianza-Alfaguara, 1974; del segundo, su ya citado *Erasmo y España,* en particular las pp. 777-801.
[2] *Don Quijote,* Segunda parte, cap. LXVII.
[3] *Adag.* IV, 9. (El sabio todo lo lleva consigo).

Introducción

AL ABRIR CUALQUIER LIBRO sobre Erasmo tropezamos de inmediato con afirmaciones —casi fórmulas homéricas— que reflejan su imagen clásica: es su reputación; pero bien sabemos que la reputación define siempre la suma de los malentendidos acumulados sobre un nombre[1]. Erasmo es el más grande de los humanistas, el autor del *Elogio de la locura*, pintado por Holbein, vestido de fieltro y pelliza y anillo de piedra tallada en la mano, el primer intelectual moderno que vive de la pluma, el censor irónico de la vida monacal, enemigo de las órdenes mendicantes (franciscanos y dominicos), el cuestionador de las "prácticas judaicas" en su afán de reforma de la Iglesia y purificación de la piedad católica, proponiendo una *pietas* de religión espiritual privada y personal con Dios, el reformista que ataca las manifestaciones de devoción externa, sobre todo las suntuosas y en muchos aspectos irracionales, mágicos y supersticiosa.[2]

Erasmo es el representante auténtico del cristianismo europeo desconocido e inhabitual y, por tanto, despreciado. Es el cristianismo epicúreo. Cuando celebra un filósofo pagano no es Platón ni Aristóteles devenidos ayuda al cristianismo sino Sócrates y Epicuro. Este epicureísmo lo encontramos en los *Coloquios*, que está considerada su obra maestra y que le mereció la fama de príncipe de los humanistas cristianos y de cronista de su época. Son definitivos en este sentido los coloquios "El banquete religioso", "El banquete profano", "El banquete sobrio", "El banquete disparatado" y sobre todo "El epicúreo."[3]

Lorenzo Valla afirmó anteriormente la compatibilidad entre epicureísmo y cristianismo para ser un buen cristiano. La práctica de las virtudes cristianas dan placer, es decir, alegría cristiana.

---

1 Michel Onfray: Introducción a *Erasme l'Epicurien*. Enere Marine, 2004.
2 Asunción Rallo, *Erasmo y la prosa renacentista*, Madrid. Laberinto, 2003.
3 Último de los coloquios de Erasmo, motivado por la acusación de Lutero tachándole de "epicúreo". Este insulto Erasmo lo recibió como el mejor elogio.

Erasmo no se rinde al dolorismo cristiano ni a su negación de los placeres. La carne no es triste.

De manera reactiva, este epicureísmo cristiano rechazado por la Iglesia provoca que no perdure el epicureísmo y sí la decadencia del cristianismo y el ascenso de Lutero.

A Erasmo le sobrevivieron el materialismo, el anticristianismo, el ateísmo, la revolución francesa y la descristianización.[1]

Erasmo pareció a sus contemporáneos el anunciador de una nueva libertad del espíritu frente a los dogmas escolásticos —que él soportó en la Universidad de París— y la autoridad tiránica de las órdenes, el anunciador de una nueva claridad, pureza y sencillez del conocimiento frente al oscurantismo de filósofos y teólogos medievales enzarzados en disputas sobre cuestiones abstrusas y a veces ridículas, el anunciador de una nueva armonía de vida razonable, sana y buena que para él podría resumirse en su ideal: amigos inteligentes, fina conversación sobre cosas del espíritu en el jardín apacible de una casa de campo.[2]

Erasmo fue ante sus ojos el depositario de riquezas desconocidas recién descubiertas; no sólo depositario sino que se las hacía asequibles por medio de su inmensa obra de la que destacan evidentemente los *Adagios*, los *Coloquios* y *El elogio de la locura*.[36]

Viviendo Erasmo todo el mundo lo leía esperando conocer su posición sobre Lutero, sobre la caída del catolicismo oficial; las guerras promovidas por los Papas; sobre la política europea; sobre la condena de los nacionalismos; sobre la pobreza y miseria de los humildes frente a las riquezas de la Iglesia.[4]

---

1 J. Michel Onfray desarrolla ampliamente estas ideas en el trabajo citado.
2 "*Hortus philosophicus*", el jardín ideal soñado por Erasmo, que le prestara el marco para sus más bellos textos.
3 Huizinga, *Erasmo* II. Salvat, 1987.
4 La correspondencia de Erasmo nunca fue privada, sino que llegaba a mucha gente, tanto el texto como las opiniones. "Hasta el siglo XVI el papel escaseaba, era caro y se escribía poco. A partir de entonces la carta se convertirá en una especie de gaceta o circular que pasa de mano en mano; el que escribe lo hace como si lo hiciera para el gran público y la posteridad", Marcel Brion, *Miguel Ángel*.

Así pareció Erasmo a sus contemporáneos. Pero después de su muerte, ¿qué quedó de su pensamiento? Durante los siglos XVII-XIX, nada.

La fecha crítica para Erasmo es el año 1559 con la inclusión de sus libros en el Índice de Paulo IV. Se prohíbe su lectura, se le aleja de las escuelas. Es considerado un hereje que hay que evitar y condenar.

Su fama quedó fijada a principios del siglo XVIII en estas palabras: Un apóstata, un excomulgado, un deslenguado que no perdonó a nadie,[1] un bufón que se burlaba de las cosas más serias y santas, autor de los *Coloquios,* esa sátira impía que ha hecho más mal a la Iglesia que los escritos de Lutero.

Si los *Coloquios* son su obra maestra y el *Elogio de la locura* es el manifiesto del cristianismo crítico (sus ataques van dirigidos a los frailes que no fomentan la verdadera piedad),[2] los *Adagios* junto con toda su obra filológica son su gran tarea que le convierte en el más elocuente defensor del ideal humanista.

Erasmo es un modelo de trabajo intelectual, de plena, intensa y agotadora dedicación el estudio, investigación y publicación de manuscritos de textos de la antigüedad.[3]

La edición del Nuevo Testamento (*Novum Instrumentum*) con el texto griego y latino más sus propias notas, publicado en Basilea en 1515, nos da la medida de su propio interés: ofrecerlo "como nuevo instrumento para entender y comprender el texto."

Erasmo representa al teólogo-filólogo, no al teólogo-filósofo.[4]

Frente a la su conocida —y mil veces repetida— frase de Huizinga: "No hubo ni frigios ni tesalienses, ni Agesilao ni Dionisio. Erasmo y sus adeptos crearon con estos elementos un universo intelectual al margen de la época", citada para demostrar cómo

---

1 Por contra Stefan Zweig dice de él que era "benévolo para lo mundano y para lo espiritual."
2 "Glotones, borrachos, libertinos, ignorantes, tontos, codiciosos, trapaceros."
3 Puede leerse su testimonio sobre esta labor en el adagio *Festina lente* aquí incluido.
4 A. Rallo, *Erasmo y la prosa...*

Erasmo no influye en la posteridad, tanto por el contenido de sus obras como por el uso del latín, al contrario de lo que ocurrió con Lutero, Maquiavelo o Loyola, que utilizaron las lenguas nacionales, opino que la mentalidad, el espíritu, el mundo intelectual de Erasmo debe considerarse en muchos aspectos moderno e incluso actual.

No se puede olvidar su pacifismo tan actual y necesario hoy y siempre; su relativismo, independencia y libertad de espíritu; su antidogmatismo y antiautoritarismo en relación a la Iglesia[1] y a la autoridad civil; su noble entereza frente a los príncipes laicos y eclesiásticos, recordándoles y recriminándoles sus abusos, sus lujos, su olvido del pobre sino es para esquilmarlo, su nula preocupación por la cultura del pueblo.

Erasmo reprueba en sus obras la guerra, la brutalidad y no sólo por razones religiosas sino exigiéndolo como condición del orden y de la prosperidad social.

Como complemento a esta sucinta y personal introducción y considerándolo interesante para conocer su modo de concebir los *Adagios,* resumimos la teoría erasmiana del adagio.

Erasmo en la edición de *Adagiorum Chiliades* (Venecia, 1508) amplió la carta dedicatoria a lord Mountjoy en la edición de *Adagiorum collectanea* (1500), convírtiéndola en un verdadero tratado sobre los proverbios o adagios, titulándolo *Prolegomena.*

Erasmo afirma que se puede dar la siguiente definición completa: "un adagio es un dicho conocido que se distingue por cierta ingeniosa originalidad."

Así pues, dos notas son especialmente importantes en la constitución del adagio:
- Ha de ser "conocido y comúnmente utilizado."
- Ha de ser ingenioso: que tenga algún aspecto que lo distinga del lenguaje común.

Pero ambas notas no son suficientes para sí mismas sino que el adagio debe estar avalado por su antigüedad y sabiduría.

---

[1] Lean su *"Julius exclusus e coelis"*: panfleto pacifista contra el papa Julio II.

El origen de un adagio —antiguo y sabio— está en llegar a integrarse en el lenguaje popular a partir de los escritos de los sabios de la antigüedad, de los poetas del teatro trágico o cómico, incluso de sucesos históricos. La originalidad de un adagio está en el contenido y a veces en la forma. Por contra, numerosos adagios están enunciados muy poco elegantemente: *Umbrae, Asinum tondes, Pedere thus.*

Otras veces la originalidad está en la originalidad de la expresión misma, por ejemplo, *in vino veritas* o aquella expresión "sin Ceres y sin Baco se enfría Venus", pues la vulgar expresión "sin comida ni bebida languidece el deseo" no tiene el mínimo aspecto de adagio.

Por último, el valor de los proverbios se basa en su prestigio, al cual colaboran los autores de mayor renombre: Aristóteles, Zenódoto, Ateneo y sobre todo Platón, que es llamado "maestro de proverbios."

Para entender a los mejores escritores que —según Erasmo— es lo mismo que decir los autores de mayor antigüedad, los adagios no sólo son útiles sino incluso necesarios[1].

Excusa y motivo

Adagios selectos es una antología nacida como celebración de los aniversarios del 15 de octubre del sonado y casi mítico 1968, en que —también— se abrió en València la Librería Viridiana. Han pasado cincuenta años de su fundación y veinticinco desde aquella fecha en que celebramos el veinticinco aniversario de aquel comienzo, con una primera selección de los *Adagios* de

---

1   Para conocer la aventura de la publicación y de las diversas ediciones de los adagios es imprescindible el artículo de Alexandre Vanautgaerden "Los adagios como aventura editorial: matar a Erasmo para venderlo mejor", en el libro de Puig de la Bellacasa: *Adagios del poder y de la guerra y teoría del adagio*, València, Pretextos, 2000. En él se detalla el modo de creación de la obra: el equipo que colaboraba con Erasmo, los detalles de la tipografía y el proceso en el incremento del número de adagios desde los 838 de la *Collectanea* (1500) hasta los 4151 de la última edición (1536) en vida de Erasmo.

Erasmo, en distribución limitada a nuestros clientes, hasta llegar los ciento trece totales en diversas entregas de 1998, 2002 y 2008, agregando para esta edición de conjunto el "Diálogo de Julio rechazado del cielo."
Nos parece estar inmersos, cuando no en el vórtice, en una situación complicada para las librerías. Por un lado, los empujones de las nuevas tecnologías informáticas; algo así como si las palabras "ordenador", "internet", "infovía", "módem", y otras tuvieran que ser constitutivas de la realidad "librería."

Por otro, ese remolino que cada gran espacio produce en la pequeña compañía de lectores y compradores de libros: algo así como si los libros, de ahora en adelante, tuviesen que convivir necesariamente con cien discos sonando, cincuenta televisores en marcha, con pantallas de mil imágenes y gente nerviosa a la búsqueda de una rebaja.

Diametralmente opuesta es aquella librería que describiremos como un espacio de silencio y moderación, cumpliendo aquel clásico: «*Ne quid nimis.*" Un estilo, una realidad que muchos deseamos y que muchos lectores desean: encontrar un espacio donde hablar y escuchar, consultar e informar y, sobre todo, buscar libros más que tropezar con los montones que los imperativos del consumo te plantan en las narices; en el que el librero, las más de las veces, es el transmisor de las ideas, conocimientos y opiniones de unos clientes a otros.

Pero estos espacios que continuaríamos llamando "librerías" sufren rotundamente los problemas endémicos de siempre: ausencia de burguesía culta, sobreabundancia de producción de libros que llamaríamos "combustible para fallas" o nulo apoyo de las instituciones. Pero seamos realistas en el ámbito de nuestra *aurea mediocritas.*

J. Campos
Librería Viridiana

Adagios

Ilustración de Manuel Clavero

✣ Todo es común para los amigos
Amicorum communia omnia

Todas las cosas son comunes para los amigos. Ya que ningún proverbio es más gratificante y conocido que éste, me plugo iniciar con él, como feliz augurio, esta recensión de adagios. Porque si fuese igual de firme en el ánimo de los hombres como en la boca de algunos, ciertamente nos liberaríamos de la mayor parte de nuestros males.

De este proverbio, Sócrates deducía que todos los bienes eran comunes a los hombres no menos que a los dioses. Todo, decía, es de los dioses. Los hombres buenos son amigos de los dioses y de ahí que todo sea común a los amigos.

En el *Orestes* de Eurípides se dice:
> Entre los amigos todo es común.

Igualmente en *Las fenicias* afirma:
> Todo dolor es común para los amigos.

Asimismo dice en *Andrómaca*:
> Pues verdaderamente nada es exclusivo para los amigos, sino que entre ellos todo es común.

Terencio en *Los hermanos*:
> Hay un viejo refrán: Los amigos tienen todo en común.

Testimonios los hay también en la comedia de Menandro del mismo título. M. Tulio, en el primer libro de *Los deberes*, apoya su opinión diciendo:
> Como en el proverbio griego,
> todo es común para los amigos.

Lo cita tanto Aristóteles, libro octavo de la *Moral a Nicómaco*, como Platón en el quinto de *Las Leyes*, donde se esfuerza por demostrar que la felicidad de la república consiste en la comunidad de todos los bienes:
> Pues bien, la primera ciudad, la primera constitución y las mejores leyes se dan allí donde se pone en práctica, en su máximo grado y por toda la ciudad, aquel viejo dicho que reza así:

Las cosas de los amigos son verdaderamente comunes. El mismo Platón afirma cuan feliz y afortunada sería la ciudad en la que no se oyesen estas palabras: "mío" y "no mío." Es admirable cuán poco gusta a los cristianos encontrar este comunismo platónico, cuán duramente lo critican porque la doctrina de ningún filósofo pagano es superior a la doctrina de Cristo.

Aristóteles, en el libro II de *La política*, modera la opinión de Platón, permitiendo la posesión y propiedad de los bienes, al menos a determinadas personas.

El uso, cumplimiento de los deberes morales y la conducta social se realizarían sin más en la posesión común, según el proverbio.

Marcial, en el libro segundo de los epigramas, se ríe de un tal Cándido que a todas horas tenía este proverbio en la boca, siendo así que nada compartía con los amigos:

Todo es común entre amigos. ¿Estas son, Cándido, "tus cosas comunes" que proclamas grandilocuente día y noche?

De esta forma concluye el epigrama:

¿No das nada y dices, Cándido, "todo es común entre amigos"?

Bellamente Teofrasto, en el comentario *Sobre la amistad* de Plutarco, asevera:

Si las cosas de los amigos son comunes, conviene mayormente que los amigos sean comunes.

Marco Tulio en el libro II de *Las leyes* afirma que este adagio debe atribuirse originariamente a Pitágoras cuando dice:

…de dónde aquella expresión pitagórica: las cosas de los amigos son comunes y la amistad es la igualdad.

Igualmente Timeo en Diógenes Laercio afirma que este dicho fue preferido antes que nadie por Pitágoras. A. Gelio en *Las noches áticas*, libro I, cap. 9, testifica que Pitágoras no sólo fue el padre de esta sentencia, sino que con ella indujo a sus discípulos a la comunión de vida y bienes, tal y como Cristo quiso que la hubiese entre todos los cristianos. Cualquiera que fuese recibido por él en la disciplina de aquella comunidad, de lo que tenía de dinero y bienes, entregaba la mitad. Esta realidad se expresa con pleno sentido con la palabra romana *coenobium*, es decir, comunidad de vida y bienes.

ॐ Verter aceite sobre el fuego
Oleum camino addere

Semejante a la sentencia "Añadir al fuego fuego" es esta: "Añadir aceite al fuego"; porque es como proporcionar ayuda y sustento al mal, con lo cual más y más éste aumenta.

Horacio en *Las sátiras*:
> Añade ahora poemas, o sea, añade aceite al fuego como queriendo decir "añade leña para mayor locura."

Usa esta sentencia San Jerónimo en la carta a Eustaquio:
> El vino y la adolescencia son el doble incendio de la voluptuosidad. ¿Por qué añadimos fuego al fuego?

ॐ Lechuzas a atenas
Ululas Athenas

Lechuzas a Atenas, supliendo "llevas" o "envías." Esto cuadra a los comerciantes insensatos que llevan sus mercancías allí donde ya de sí abundan; como si alguien quisiera importar trigo a Egipto, azafrán a Cilicia. Más graciosa resulta la metáfora si se aplica a los asuntos del alma, como si alguien enseña al sabio, envía versos al poeta o da consejos al más prudente.

Cicerón escribe a Torcuato:
> Pero de nuevo llevo lechuzas a Atenas diciéndote esto...

Y a su hermano:
> Te enviaré los versos pedidos, o sea, enviaré a Atenas una lechuza.

Aristófanes en *Las aves*:
> ¿Qué dices? ¿Alguien lleva a Atenas una lechuza?

Esta locución citada y aclarada está por Luciano en la carta a Nigrino. En verdad el dicho proviene de que la lechuza abunda en Atenas y es una peculiaridad de la región. Se dice que son frecuentes en Laurio de Ática, célebre por sus minas de metal precioso, de donde las lechuzas son llamadas también "laurióticas."

Este ave era antiguamente muy querida por los atenienses y estaba consagrada a Minerva por sus ojos garzos que pueden ver en la oscuridad como no ocurre en la mayoría de las aves. Creíase, por ello, consagrada por los auspicios como indica el proverbio:

> La lechuza vuela dando a entender que las malas decisiones de los atenienses y los errores que cometían Minerva los trueca en beneficios.

Por otra parte, el adivino, según el narrador de Aristófanes, opina que no solamente se dice "Lechuzas a Atenas" por la abundancia de ellas en Atenas, sino porque la lechuza se graba en las monedas, tanto de oro como de plata, de los atenienses junto con la efigie de Minerva. Esta moneda, por cierto, se llama tetradracma; antes usaban monedas de dos dracmas, la más conocida de las cuales representaba un buey; así nació el dicho: "El buey en la lengua." Algunos afirman que tuvieron los atenienses un trióbolo llamado también medio-dracma, pues un dracma contiene seis óbolos.

La moneda de tres óbolos tenía la efigie de Júpiter por una cara y en la otra la de la lechuza. Parecía, por tanto, absurdo llevar lechuzas a Atenas, pues allí la lechuza se llevaba en sobreabundancia. De la moneda ateniense habla Plutarco en la vida de Lisandro; cuenta allí de un esclavo que, deseando manifestar crípticamente su robo, decía que bajo las tejas anidaban las lechuzas, refiriéndose, claro, a las monedas marcadas con su efigie.

⚜ Tantos hombres, tantos pareceres
Quot homines, tot sententiae

Hoy en día nada más trillado que esta sentencia terenciana: "Tantos hombres, tantos pareceres." Similar es aquella otra del mismo Terencio: "Cada uno ve las cosas a su modo."

Igualmente Persio:

Existen en los hombres mil aspectos y es multicolor el modo de ser de las cosas; cada cual tiene su querer y no se vive con idéntico parecer.

A la misma idea pertenece aquel epigrama según el cual se pueden encontrar personas que estén dispuestas a ceder la herencia paterna, pero a nadie se encuentra que ceda su propia opinión. Horacio abunda en esta acertada alegoría:

Se me figuran tres comensales, por así decir, en desacuerdo, que piden platos muy diferentes para su variado paladar.

El mismo Horacio escribió su primera oda con el argumento de esta sentencia:

Cada cual es arrastrado por intereses distintos a los que mueven a los demás.

Graciosamente juega Terencio con este pensamiento en el *Formión*, donde el primer abogado afirma, el segundo niega, el tercero invita a deliberar. A esto parece aludir el apóstol Pablo cuando advierte que para evitar la discordia permitamos a cada uno mantenerse en su opinión. Si la mayoría de los teólogos siguiera este consejo no habría hoy en día tan encarnizadas disputas por cuestioncillas de nada; más de una hay que podría olvidarse sin menoscabo de la piedad.

Esta misma sentencia desarrollaba Eurípides en *Las fenicias*:

Si a todos le pareciera la misma cosa buena y sabia a la vez no existiría entre los hombres la discordia de ambiguo lenguaje. Pero en realidad no hay nada idéntico ni ecuánime para los mortales, al margen de los nombres; no existe tal realidad.

El mismo Eurípides en *Hipólito coronado* por boca de Hipólito advierte:

Cada uno tiene sus preferencias entre los dioses y entre los hombres.

A esto se refería Homero en *La Odisea* XIV:

No todos hallamos deleite en las mismas acciones.

❧ Queriendo sin querer
Nolens volens

Según advirtió Donato, se consideran, como ya se mostró anteriormente, figuras proverbiales todas aquellas que contienen conceptos opuestos y por ello parecen tener en sí mismas algo oscuro y enigmático. Son frecuente en los poetas griegos como en *Hécuba* de Eurípides:
> Y él queriendo y no queriendo al mismo tiempo.

O en *Ifigenia entre los Tauros*:
> De alguna forma soy exiliado voluntario, aunque no lo deseo.

De este parecer es lo que Terencio dice en *Andria*:
> Forzado estás por tu propia voluntad.

❧ Por un trozo de pan
Frusto panis

Por un trozo de pan a cambio de alguna cosa mínima y barata, todavía hoy continúa diciéndose. M. Catón en un discurso reprobando la vileza no sólo de hablar sino también de callar:
> Por un trozo de pan puede ser arrastrado bien a callar, bien a hablar.

Este pasaje se cita en *Las noches áticas* de A. Gelio. Parece que por hipérbole la expresión se tomó de los perros que solemos obsequiar con trozo de pan o quizá de los mendigos.

❧ Evitada Caribdis caí en Escila
Evitata Charybdi in Scyllam incidi

Si estos yambos dímetros acéfalos son resultado de la casualidad o del arte, se ignora. Su sentido es éste: evitada Caribdis tropecé con Escila, es decir, al evitar un mal más grave, caer en otro distinto. El adagio está tomado de la fábula homérica que cuenta cómo Ulises, por miedo a Caribdis, acercó su nave a Escila, perdiendo a seis de sus compañeros. Según algunos autores Escila fue hija de Niso, rey de Mégara y fue convertida en monstruo marino porque su padre deseaba arrancarle la cabellera de oro, como repite Pausanias en *Las Corintíacas* y con el que está de acuerdo Virgilio en *Las bucólicas*:

> ¿Por qué he de referirme a cómo evocó él la Escila de Niso, que según la fama le atribuye, ceñidas sus blancas ingles de monstruos ladradores, zarandeó las naves de Duliquio, y en lo profundo del abismo despedazó con sus perros marinos a los asustados marineros?

Servio indica que Escila era hija de Forcio y de la ninfa Crateida. De ella estaba enamorado Glauco por quien Circe sentía una violenta pasión. Creyendo que él prefería a Escila, Circe envenenó la fuente en la que la ninfa solía bañarse; no bien la ninfa tocó el agua, su cuerpo fue transformado hasta las ingles en forma de diversos animales. Es peculiar en Circe convertir a los hombres en figuras de animales. Horrorizada de su propia deformidad se precipitó al mar dando argumento a la fábula. Sobre la veracidad de los hechos es diversa la opinión de los escritores.

Salustio afirma que Escila es una roca prominente en el mar que de lejos se asemeja a una mujer y, como las olas al chocar parecen imitar el aullido de los lobos y el ladrido de los perros, imaginaron que estaba desde las ingles rodeada de tales fieras. En las colecciones griegas de relatos leo que hubo una nave trirreme de funesta peligrosidad, por sus saqueos, a la que llamaron Escila.

Los marinos, navegando en ella, devastaban los mares Tirreno y Siciliano y expoliaban todas las naves que encontraban: así nació la leyenda.

En cuanto a Caribdis narran las fábulas de los poetas que esta mujer era voracísima; por haber robado los bueyes de Hércules, herida por el rayo de Júpiter, fue precipitada al mar, convertida en monstruo que conserva hasta hoy su prístina naturaleza. Traga todo y, todo lo tragado, de nuevo lo arroja junto a la costa de Taormina; así lo refiere Salustio.

Y Horacio, como en el proverbio, llama a Caribdis prostituta voraz y de avidez jamás saciada:

¡Ah desgraciado! En qué Caribdis viniste a caer, muchacho digno de mejor amor.

Servio afirma que Escila está en Italia y Caribdis en Sicilia. Virgilio en *La Eneida*, libro tercero, describe elegantemente el paso angosto entre los dos peligros:

Cuentan que en otro tiempo estos parajes saltaron descuajados a impulsos de violenta sacudida —tan imponentes cambios puede lograr la larga acción del tiempo—, cuando una y otra tierra era antes una sola. Pero el Ponto batió su parte media impetuoso y el oleaje arrancó de la Hesperia el flanco de Sicilia y su angosta corriente va bañando a ambos lados campiñas y ciudades.

Escila monta guardia a la derecha; a la izquierda Caribdis, la insaciable…

Y en otro pasaje:

Mas de Heleno el mandato era preciso: que no buscase a Escila nuestra ruta, ni tampoco a Caribdis, siendo el riesgo mortal por ambas vías.

Homero, en el canto XII de *La Odisea*, ambos peligros describe detalladamente y supone Circe dando consejos a Ulises para que elija derivar el curso hacia Escila mejor que hacia Caribdis, ya que es preferible perezcan seis compañeros que todos al mismo tiempo, manifestándole haber más peligro en Caribdis que en Escila:

Es mejor que te pegues al pie de la roca y aceleres la nave al pasar. Más te vale, con mucho, perder sólo seis hombres que hundirte tú mismo con todos.

Este adagio se puede utilizar de tres formas. Primeramente, si en alguna ocasión nos encontramos en situación tan angustiosa que no se pueda evitar el daño, de ambos males elijamos el menos pernicioso, al ejemplo de Ulises, inclinándonos al lado menos nocivo. Este sería el caso de quien al tiempo tenga en peligro su vida y su dinero; prefiera hacer peligrar su dinero antes que su vida, pues las riquezas se pueden resarcir pero la vida, perdida, no se restituye.

En segundo lugar: cuando nos enfrentemos con un negocio inseguro y peligroso para el cual hace falta extrema moderación para no fallar en uno u otro extremo. En este caso no se trata de pensar qué peligro sea mayor, sino darse cuenta que en ambas partes hay peligro. Un ejemplo de la anterior enseñanza sería: recuerda que es mucho mejor caer en la Escila del gasto que en la Caribdis de la enfermedad; es preferible incurrir en la quiebra pecuniaria como es Escila que en la Caribdis de la infamia. Un segundo ejemplo: "procura, al defender al pueblo, no ofender el ánimo del príncipe; cauta y diplomáticamente actúa, consciente de que marchas entre Escila y Caribdis."

Un tercer modo de aplicar el dicho sería invertir los términos: si temes parecer poco erudito, caíste en el descrédito por arrogante; sencillamente: mientras evitas Escila, caíste en Caribdis.

Es célebre entre los latinos este versículo, sea quien sea su autor, que de momento no recuerdo:

Cayó en Escila ansiando evitar Caribdis

✤ Huyendo del humo, caí en el fuego
FUMUN FUGIENS IN IGNEM INCIDI

Mientras evito el humo, caigo en la llama. Este adagio es un verso senario de contenido semejante al anterior (Escila y Caribdis). Luciano en *Menipo o necromancia* cuenta:

Con estas intenciones me acerqué a ellos, pasando a la fuerza sin darme cuenta, del humo al fuego.

Insinúa este proverbio Platón en el libro octavo de *La República* cuando dice:

El pueblo al huir del humo —como se dice— de la sumisión a los hombres libres, va a parar al fuego del despotismo de los esclavos.

A ello alude Horacio cuando dice en *Las sátiras* y en el *Arte poética*:

Al vicio lleva la huida del defecto, si se carece de arte.

Plutarco en *Sobre la falsa vergüenza* dice:
> Le sucede a la falsa vergüenza el caer en el fuego por huir simplemente un humo de mala reputación, es decir, algo más grave.

❧ Tener miedo de su propia sombra
Umbran suam metuere

Se dice que tienen miedo de su propia sombra los que infantilmente tiemblan aunque no haya peligro alguno. La expresión se toma o bien de aquellos que, vista de pronto la sombra de su propio cuerpo, se dan un susto, o bien de algunos que, sufriendo una rara melancolía, según atestigua Aristóteles, por la debilidad de sus ojos, al ver en el aire próximo como una cierta imagen de sí mismo, creen que han visto su propio espíritu.

Sócrates, en el *Fedón* de Platón:
> Tú, temeroso, según el dicho, de tu propia sombra.

Es decir, como falto de confianza en ti mismo. Quinto escribe a Cicerón sobre la petición del consulado:
> Pero el otro, dioses benéficos, qué espléndida personalidad; en primer lugar de idéntica nobleza que Catilina ¿o quizá mayor? No, pero su carácter sí lo es. Pero lo desprecias porque tuvo miedo de su propia sombra.

Por lo demás este texto está alterado de varias formas en los manuscritos. Plutarco en la Década séptima de las *Charlas de sobremesa* dice:
> Quien rechaza el nombre de "sombra" y se molesta por ello, en verdad parecerá temer ser "sombra."

Habla aquí de los llamados "sombras" porque no siendo invitados por el anfitrión, se presentan al banquete siguiendo a otro invitado.

℘ Ni el zapatero más allá de sus sandalias
Ne sutor ultra crepidam

Muy parecido a otro adagio anterior es éste: "Ni el zapatero más allá de las sandalias", es decir, nadie debe hacer juicios de asuntos ajenos a su saber y profesión. Este adagio procede del célebre pintor Apeles, del cual Plinio, libro XXXV, cap. 10, escribe:

> Éste exponía en un soportal sus obras ya acabadas a los transeúntes, escondido tras la tabla, escuchaba los defectos que iban comentando, prefiriendo al vulgo como juez más entendido que él mismo. Cuentan que fue reprendido por un zapatero porque en las sandalias había hecho un corchete de menos por la parte de dentro. Al día siguiente, lleno de vanidad por la corrección hecha según su advertencia, andaba él cavilando sobre la pierna y Apeles le miró indignado advirtiéndole que siendo zapatero no juzgase más allá de las sandalias. Dichas palabras se convirtieron en proverbio.

Hasta aquí Plinio; semejante esto que cuenta Ateneo:

> Estratónico, cantante de cítara, discutiendo de música con un artesano le dijo: ¿No te das cuenta que estás hablando más allá de tu martillo?

En el mismo sentido escribió su nieto en las Cartas:

> Nadie puede juzgar correctamente del arte sino el propio artista.

Dijo Aristóteles en el libro primero de la *Moral a Nicómaco* que cada uno puede ser juez idóneo únicamente de lo que es erudito. Y también escribió Aristóteles en el segundo libro de las *Cuestiones naturales*:

> Aunque es evidente que se puede experimentar tal confusión, pues un ciego de nacimiento podría ponerse a discutir sobre los colores.

Estas palabras, entre los instruidos de nuestro tiempo, han llegado a convertirse en proverbio cuando alguien disputa de temas ignorados. Con esta sentencia hay que relacionar lo que dice Fabio Pictor en *Quintiliano*:

> Llegará un tiempo dichoso para las artes, cuando sólo los artistas de ellas opinen.

꧂ Lo que está por encima de nosotros no nos incumbe
Quae supra nos, nihil ad nos

Dicho socrático para alejar de la especulación curiosa, de las realidades celestes y de los arcanos de la naturaleza. Este proverbio es citado por Lactancio en el libro tercero, capítulo veinte:
> Entre estas ideas escogeré una que tiene la aprobación de todos. Es célebre este dicho de Sócrates: lo que está por encima de nosotros no nos afecta.

Puedes dirigirlo contra quienes hablan temerariamente de los asuntos regios o de los misterios de la teología. Hasta es posible volverlo al revés: lo que está debajo de nosotros no nos pertoca, dando a entender que las cosas pequeñas no deben inquietarnos.

꧂ Conócete a ti mismo
Nosce teipsum

Relativos a esta sentencia son aquellos tres aforismos, los más celebrados, que, como atestigua Platón en el *Cármide*, los magistrados mandaron inscribir en las puertas del templo de Delfos, porque parecían dignos de la sabiduría de Dios. De los cuales el primero es "Conócete a ti mismo."

En este aforismo hay una clara recomendación de modesta mediocridad para que no persigamos cosas desproporcionadas y quizá indignas. Pues todas las calamidades de la vida se generan de que cada uno se enaltece a sí mismo y cuanto más rebaja a los demás fuera de lo justo, tanto más se entrega sin mérito al vicio del amor propio.

Marco Tulio dice a su hermano Quinto en el libro tercero:
> Y aquel "Conócete a ti mismo" no creas que fue dicho para combatir la arrogancia, sino, en verdad, para conocer nuestras buenas cualidades.

Entre las sentencias proverbiales se cuenta este verso senario:
> En todo momento es útil conocerse a sí mismo.

Nonio Marcelo recuerda cierta sátira de Varrón con el título: "Conócete a ti mismo."

Allí hay una inscripción, famosa hasta en las regiones más apartadas del orbe, que manda que cada uno se conozca a sí mismo. Ovidio afirma que el autor de esta sentencia es Pitágoras. Sócrates de Platón opina que fue proferida por Apolo. Platón en *Fedro* dice:
Hasta ahora, y siguiendo la inscripción de Delfos, no he podido conocerme a mí mismo.

Hay quien piensa que este adagio está sacado, como de un océano, de Homero, según el cual Héctor, habiendo atacado a todos los demás, no quiso, sin embargo, enfrentarse a Ajax, reconociéndolo como superior. Así dice el poeta.

Diógenes atribuye el adagio a Tales. En el libro de Diógenes, Antístenes le escribe a Femonoas que un tal Quilón ya lo ha utilizado.

Tales, preguntado:
¿Qué es lo difícil?

Respondió:
"Conocerse a sí mismo"; ¿qué es lo fácil?; censurar a los demás.

Macrobio cuenta en el primer comentario a *El sueño de Escipión* que un hombre que consultó el Oráculo de Delfos —¿Por qué camino podría llegar a la felicidad? —recibió esta respuesta: El de tu propio conocimiento.

Esta misma respuesta oracular le fue dada a Creso, como atestigua Jenofonte en la *Ciropedia*. En las colecciones griegas de versos gnómicos se cita este verso senario:
Si eres humano, ¡oh ilustre!, procura pensar en cosas humanas.

La misma sentencia así la formula Píndaro:
Lo mortal para los mortales.

Demonax, preguntado cuándo empezó a filosofar: "Desde que empecé a conocerme a mí mismo, dijo. Sócrates, cuando el oráculo de Apolo le consideró el único sabio, siendo así que en Grecia había tantos filósofos, lo aclaró diciendo que a los que proclamaban que ellos sabían lo que ignoraban les aventajaba como sabio porque él sabía que no sabía nada y sólo esto él proclamaba.

Esta modestia de Sócrates, por otro lado, la superó Anaxarcos, que manifestaba que él ni siquiera sabía que no sabía nada.

En Menandro el cómico, alguien corrigió este célebre adagio:
> Bajo muchos aspectos parece que se ha dicho torcidamente "Conócete a ti mismo"; mejor sería realmente decir "Conoce a los demás."

❧ Nada en demasía
NE QUID NIMIS

En segundo lugar y con diferentes palabras, casi la misma sentencia expresa el dicho "Nada demasiado", que Terencio, en *Andria*, presenta como ampliamente celebrada y pone en boca del personaje Sosia el liberto. Diógenes Laercio la atribuye a Pitágoras. Aristóteles en el tercer libro de la *Retórica* dice ser su autor. Bias, al tratar de las pasiones de los jóvenes, los cuales, dice, pecan por su excesiva vehemencia, pues aman sin medida y sin medida odian. No es igual en los ancianos. Por usar las palabras del mismo Aristóteles:
> Ellos pecan por demasía y por vehemencia contra el precepto de Quilón (pues todo lo hacen en exceso, aman en exceso, odian en exceso y proceden igual en todo lo demás)

Según Lucrecio el adagio, unos lo atribuyen a Tales, otros a Solón. Platón lo cita de un texto de Eurípides. Y no falta quien ve a Homero como fuente según estos versos de *La Odisea*:
> Censuro aquel hombre que, albergando a algún huésped, se excede en el celo, y lo mismo, al que muestra por él desamor porque en todo hay medida.

El mismo Homero en *La Ilíada*, X:
> ¡Tídida!, ni me alabes demasiado, ni me recrimines.

Igualmente quisiera referirme a Hesíodo; en su libro *Los trabajos y los días* leemos:
> Guarda las proporciones; la medida en todo es lo mejor.

Eurípides repite esta sentencia en diversas ocasiones, como por ejemplo en *Hipólito coronado*:

Tengo en menor consideración el exceso que la moderación; y los sabios compartirán mi opinión.

Píndaro, citado por Plutarco:
Los sabios, esta idea "Nada en demasía", la recomendaron sobremanera.

Sófocles, en *Electra*:
No estés apenada en exceso por el enemigo que odias, ni lo desprecies teniéndolo en el olvido.

Plauto en *El cartaginesito*:
Pero piensa una cosa, hermana: la moderación es en todo la mejor norma de conducta. Todo lo excesivo produce molestias excesivas.

Este mismo sentido tienen aquellos versos de *La Ilíada*, XIII:
De todo, uno se harta, incluso del sueño y del amor, del dulce canto y de la intachable danza.

Podríamos decir que Píndaro lo tuvo como modelo en estos versos de *Las Nemeas*:
Hastío causa hasta la miel y las gozosas flores de Afrodita.

Plinio afirma en el libro XI:
Con seguridad, lo más pernicioso en la vida es el exceso.

Horacio, en *Las sátiras*, dice:
Hay una medida en las cosas, hay, en fin ciertos límites que el buen camino ha de respetar y no traspasar.

El mismo Horacio insiste en las *Epístolas*:
La virtud es un punto equidistante entre dos vicios, igualmente separada de ambos.

Focílides:
En todo, la mesura es lo mejor.

Y Alfeo en los epigramas:
Pues este "Todo con medida" me agrada sin medida.

Quintiliano escribió que al igual que en lo demás, también en la pronunciación debe imperar la justa medida. Finalmente Plutarco en *Camilo* enseña que la piedad es el punto medio entre el desprecio de los dioses y la superstición:

> La piedad y la moderación es lo más deseable.

Nada hay entre todas las cosas en que no se pueda pecar por exceso, excepto el amor de Dios, lo cual, con otras palabras, lo confirma Aristóteles colocando en lugar de Dios a la sabiduría. En la misma línea, están las palabras de un poeta que refiere Ateneo en el libro I de *Las alabanzas del vino*:

> El vino quita las penas todas del corazón humano, si bebes moderadamente, pero al beber sin medida te será nocivo.

ᛞ Muchos llevan Tirsos, pocos son Baco
Multi Thyrsigeri, pauci Bacchi

Es este hexámetro tenido por los griegos como un célebre proverbio según el cual muchos mortales ostentan indicios y hasta fama de virtuosos pero carecen de la auténtica virtud. Así, no son verdaderos teólogos todos los que llevan birrete teológico o gozan de este nombre. No son poetas todos los que se adornan con este título. No son monjes todos los que aguantan el peso de la cogulla. No son cristianos todos los que participan en las ceremonias cristianas. No todos los que ostentan un collar de oro son generosos. No todas las muchachas que andan con el cabello suelto son vírgenes; ni todos los que llevan una corona son reyes. No todos los que llevan una mitra bicorne o zapatos de plata son obispos; ni los que permiten ser llamados santísimos y lucen triple corona son papas. No todos los que en su estandarte ostentan un águila son emperadores. Ni el llevar barba y capa raída, como afirma Plutarco, hace a nadie filósofo.

El dicho está tomado de las ceremonias bacanales en las cuales los inspirados batían con furor tirsos, es decir, varas rodeadas de hiedra y hojas de parra. Lo cita Platón en el diálogo *Fedón*. A él alude elegantemente Plutarco en el libelo contra Colotán:

> Uno de los amigos es Aristodemos de Egión; ya conoces al hombre; él no es portador de tirsos de la Academia pero sí un ardiente iniciado de Platón

Portador de tirsos indica que pertenece a la Academia de nombre y culto pero no en verdad. Conocido es aquel dicho de Herodes Ático contra un hombre con capa, desmelenado, con barba hasta las ingles:
Veo la barba y la capa, pero no veo al filósofo.

⁊ Con la leche de la nodriza
CUM LACTE NUTRICIS

Semejante es a lo que referíamos anteriormente: "Desde la cuna", "Desde las tiernas uñas". Cicerón en el tercer libro de *Las disputas tusculanas* dice:
> Mas ahora, tan pronto como hemos sido dados a luz y levantados, nos movemos de inmediato en toda pravedad y en la perversidad suma de las opiniones, de tal manera que casi parece que en la leche de la nodriza chupamos el error.

⁊ Vivir al día. Vivir despreocupado
IN DIEM VIVERE. EXTEMPORE VIVERE

"Vivir al día" es como vivir contento con lo que se tiene, sin preocuparse del futuro. Este estilo de vida se llama entre los griegos "vivir de un día para otro". Téocrito en el Idilio XIII dice:
> Somos mortales que el mañana no vemos

Aristófanes en *Los caballeros:*
> Espera porque yo te suministraré grano y medios de vida día tras día.

Homero en *La Odisea*, XXI:
> Campesinos sin juicio, incapaces de ver sino aquello que tenéis por delante.

Persio:
> Y vives improvisadamente, es decir, despreocupándote del futuro.

De ésta se pasó a la expresión "hablar improvisadamente", o sea, sin premeditación; M. Tulio en la Filípica V, de forma semejante, dijo:

...vivir de una hora a otra: Aníbal no obraba así. Como él dejaba a un lado muchos asuntos para interesarse por ellos después, los que vivían de una hora para otra pensaban que no se preocupaba ni de los bienes de los ciudadanos ni de su propio beneficio.

A esta categoría pertenece lo que escribe Horacio en la *Poética*:
Y cambia cada hora, es decir, continuamente.

Este estilo de vida lo recomendó Cristo como el más satisfactorio de todos. Él mismo siempre vivió así y lo puso como modelo a seguir por sus discípulos. Pero extrañamente no es hoy aceptado ni siquiera por aquellos que se consideran supercristianos.

ৡ Llegaste después de la fiesta
Post festum venisti

Lo cita Diogeniano. Se aplica contra aquellos que no intervinieron en algún asunto importante, porque llegaron demasiado tarde, ya concluido el negocio. Sócrates en el *Gorgias* de Platón dice:
¿Acaso nosotros hemos llegado después de la fiesta o demasiado tarde, como se suele decir?

Se puede encontrar también de esta forma:
Después de las Panateneas.
O bien:
Llegaste después de las Píticas.

ৡ De una mosca haces un elefante
Elephantum ex musca facis

Es decir, pequeños asuntos con palabras elevas y amplificas. Luciano en el *Elogio de la mosca*:
Muchas cosas podría todavía añadir, pero no obstante quiero llegar a la conclusión de mis palabras para no incurrir en el trillado refrán: "De una mosca hacer un elefante"

Podría parecer que este refrán está tomado de Homero que, al relatar la guerra de los dioses y los héroes, describe la osadía de una mosca, con la cual compara al invencible y temerario Menelao (*La Ilíada*, XVII, 570). También, ciertamente, San Agustín, en su libro *De las dos almas*, contra los Maniqueos, no duda en comparar una mosca con el sol y preferirla, como animal animado, al ser inanimado.

❧ Date prisa lentamente
FESTINA LENTE

Festina lente. Este proverbio presenta una graciosa apariencia de enigma ya que consta de palabras opuestas entre sí. Por ello, pertenece a la categoría de adagios —como describimos al principio de esta obra— que incluyen en su fórmula una contradicción, cuyo ejemplo sería decir "infeliz felicidad." No creo yo que sea absurdo pensar que la expresión tenga su origen en lo dicho por Aristófanes en *Los caballeros*:
> Apresúrate deprisa

y creador de ella quien cambió el pleonasmo de sus palabras en contradicción. Al colorido y elegancia de esta expresión añade no poco encanto la agradable y absoluta brevedad la cual me parece acertada en las joyas y especialmente en los adagios; en ambos, no sé por qué, influye admirablemente en su valor. Si, pues aprecias la sentencia vigorosa que esta corta brevedad de las palabras contiene, cuan rica sea, cuan profunda, cuan útil, cuan ampliamente válida en toda situación vital, enseguida y fácilmente serás de la opinión de que entre tan grande número de proverbios no hay ninguno tan digno de grabarse en todas las columnas, de inscribirse en las fachadas de todos los templos —y con letras de oro, por cierto— de pintarse en las puertas de los palacios, de grabarse en los anillos de los señores, de representarse en los cetros regios y, finalmente, de esculpirse siempre en todos los monumentos, de propagarse y darse a conocer de manera que siempre esté presente y delante de los ojos, porque su seguimiento es útil a todos los mortales, especialmente a los príncipes a los cuales se aplican las palabras de Homero:

No debe dormir toda la noche el varón que tiene las decisiones, a quien están confiadas las naves y a cuyo cargo hay tanto.

Cuando algo por un plebeyo es omitido por desidia o realizado por temeridad, al igual que el menoscabo es más leve, el daño, por tolerado, se cura con más fácil remedio. Pero un simple retraso del príncipe o una decisión precipitada ¡Oh Dios inmortal! qué tempestades a veces levanta, cuánta calamidad lleva consigo para la sociedad. Por el contrario, tenido presente el *Festina lente*, es decir, "cierta madurez y moderación al mismo tiempo, templada por la vigilancia y la calma", de manera que el príncipe, ni haga algo por temeridad de que tenga que arrepentirse, ni por desidia algo conveniente a la república deje de hacer, te pregunto qué puede ser más feliz, más firme, más duradero que este Estado.

Aunque esta felicidad no sólo no se circunscribe a límites del Estado, sino que se extiende desde él a todos los pueblos limítrofes, y así tendrá validez como en ninguna otra ocasión la palabra de Hesíodo:

El mal vecino es una calamidad; en cambio, el bueno es una suerte; tiene premio quien tiene un buen vecino.

Y por ello —ésta es al menos mi opinión— a este proverbio, más que a ningún otro, le cuadra con todo derecho el apelativo de "regio", no tan sólo por la razón antes mencionada, sino también porque la índole natural de los príncipes está especialmente próxima a estos dos juicios. Pues el favor de la fortuna, la abundancia de riquezas, el halago fácil de los placeres, la libertad, incluso, para hacer lo que les plazca, y finalmente el nefasto "¡Bien, bravo!" de los aduladores, éstos siempre a punto para el aplauso, la sonrisa y la felicitación por todo lo que se diga o haga; todo esto, digo, y otras cosas por el estilo, no es extraño que incite a muchos a la desidia, sobre todo si esta simiente cae en la tierra abonada de la juventud y de su compañera la inexperiencia.

***

Parece ser que Homero atribuye a Agamenón cierta viciosa desidia, es decir, el "lente" de manera que no le asigna ninguna hazaña insigne y audaz, si no es su cólera cuando le es arrebatada Criseida y manda robar a Briseida de la tienda de Aquiles. Por contra atribuye a Aquiles ímpetus poco moderados, o sea el *Festina*; si bien se le podría aplicar el *Festina lente* cuando en la reunión amenazó al rey con reluciente espada y se retuvo cuando Atenea le advirtió que se mantuviese en los límites de la injuria. No obstante, hubo desmesurado ánimo en la reunión de los jefes con frecuentes ofensas, con tan odiosas injurias sobre el que en definitiva era el jefe principal.

Podríamos decir que Alejandro Magno imitó a Aquiles y le superó hasta tal punto que llevó el ímpetu de su ánimo más allá que él hasta levantar la espada contra sus más amigos. Sardanápalo emuló a Agamenón de tal modo que le superó ampliamente. Aunque pueden encontrarse ejemplos de uno y otro género que recuerdan bien la calma de éste o la ferocidad de aquél; muy pocos encontrarás que, de acuerdo con el presente proverbio, unan correctamente la oportuna prisa con la prudente tardanza; si bien por todos vale Fabio Máximo, conocido también con el sobrenombre de Prudente; habiéndose granjeado fama inmortal, porque salvó para los romanos, por medio de la circunspecta lentitud, el Estado, que la irreflexiva celeridad de otros jefes había llevado a extremos desastrosos.

Y así con motivo creo no ser casual que este *Festina lente* agradase a los dos emperadores romanos alabados por todos, Octavio Augusto y Tito Vespasiano; ambos poseían una especial grandeza de ánimo unida a una increíble condescendencia afable, de modo que con su amable popularidad atraían a todos, pero, sin embargo, con igual diligencia, si en alguna ocasión los asuntos requerían una gran hombría, rápidamente aportaban las soluciones. Octavio se deleitaba preferentemente con este adagio —como narra Aulo Gelio en *Las noches áticas*, libro décimo, capítulo once y, también, Macrobio en las *Sátiras*, libro VI; no sólo lo usaba frecuentemente en la conversación de cada día, sino también reiteradamente lo insertó en sus epístolas; él quería, con estas dos palabras, recordar que en toda acción había que perseguir dos cosas: rapidez en la ejecución y lentitud en la reflexión. Opina Gelio que esta idea la expresaban con una sola palabra: *Matura*. Pues *Maturari* era hacer una cosa ni demasiado pronto ni demasiado tarde, sino en el momento preciso. En este sentido la utiliza Virgilio cuando dice en el libro primero de *La Eneida*:

> Preparad la fuga

Bien es verdad que esta voz significa en algunos autores "darse prisa", pero sin adelantar el momento oportuno. Por supuesto se puede utilizar *Festinare* correctamente como "darse prisa", pero no como "maturare." No es distinto lo que Suetonio cuenta en la vida de Augusto:

> Opinaba, por otra parte, que nada convenía menos a un general perfecto que la precipitación y la temeridad. Así, repetía frases con frecuencia como "¡Date prisa, lentamente!; pues es mejor un caudillo seguro que uno audaz." Y "Bastante deprisa se hace todo lo que se hace bastante bien."

Hasta aquí Suetonio. Es éste un verso trocaico, tetramétrico cataléctico sacado, supongo, de algún poeta en el que se aplica a César, como privativa, la palabra "general."

El sentido es: Festina lente; pues quien sin fallos actúa con seguridad, es mejor que el temerario y audaz. Los asuntos para los que se toman las medidas oportunas con largas deliberaciones son más seguros que los que se aceleran con decisiones temerarias.

Que este adagio gustaba a Tito Vespasiano se deduce simplemente de antiguas monedas suyas, una de las cuales de plata con una vieja estampa auténticamente romana me mostró Aldo Manucio; la cual como regalo, decía, le había sido enviada por Pedro Bembo, patricio veneciano, joven erudito entre los mejores, eminente conocedor de la literatura antigua. En la moneda estaba grabado lo siguiente: en una cara lleva la efigie de Tito Vespasiano con una inscripción; en la otra un áncora en la cual, como en un bastón, se enrosca un delfín. Este símbolo significa no otra cosa que aquella divisa de César Augusto *Festina lente*, según se puede deducir de los testimonios de las antiguas escrituras jeroglíficas.

Así se llaman las inscripciones enigmáticas de las cuales se sirvieron en siglos pasados, sobre todo en Egipto, los poetas y los teólogos, que consideraban una impiedad hacer llegar a los profanos los misterios de la sabiduría con letras corrientes, como nosotros hacemos, pero si algo juzgaban digno de conocimiento lo representaban con diversas figuras de animales y cosas de tal manera que no pudiesen de pronto llegar al conocimiento, sino que quien, conociendo plenamente las propiedades de cada cosa y la fuerza y naturaleza de cada animal, pudiese, finalmente, a través de los símbolos propuestos, comprender el secreto de la sentencia en cuestión.

En Egipto cuando quieren representar a su dios Osiris, que creen es el Sol, pintan un cetro y en él la figura de un ojo, dando a entender que este dios mira todas las cosas con suprema potestad, pues en la antigüedad llamaban al Sol "Ojo de Júpiter." Casi lo mismo refiere Macrobio en el primer libro de *Las saturnales*. Igualmente representaban el año de esta manera: pintaban una serpiente retorcida de tal modo que tenía la cola metida en la boca, dando a entender que al año, con el movimiento alternativo de sus estaciones, vuelve otra vez sobre sí mismo.

Servio piensa que por eso, entre los griegos al año se le atribuye la palabra "el mismo" y que esto tenía presente Virgilio cuando dijo:
Sobre sus mismas huellas, el año retorna sobre sí mismo.

Si bien el egipcio Horos, de quien hay dos libros sobre esta clase de símbolos, afirma que la serpiente grabada no representa el año, sino la eternidad. El símbolo del año es la efigie de Isis o del fénix. Entre los griegos escribió Plutarco sobre estos temas en el comentario sobre Osiris. Y Queremón según el testimonio de Suidas, de cuyos libros sospecho que se ha sacado todo lo que anteriormente hemos visto sobre estos testimonios y en los cuales se encontraba también esta representación: en primer lugar un círculo, después el áncora, cuya parte media, como dije, está rodeada por un delfín de cuerpo retorcido. El círculo, como indica la aclaración que acompaña, al no tener término alguno simboliza el tiempo eterno. El áncora, que retiene la nave, la sujeta y la amarra, representa la lentitud. El delfín es más rápido y ágil entre los animales y representa la velocidad; de todo lo cual, correctamente relacionado, se desprende esta máxima:

Semper festina lente

Veamos, en pocas palabras, la fuerza y naturaleza del delfín. De él cuentan los escritores que con su increíble velocidad y asombrosa elasticidad sobrepasa largamente a los animales de su categoría. Por ello, Opiano, en libro segundo sobre la Naturaleza de los peces, compara los delfines, no con otra cualquier ave, sino con las águilas:

> Al igual que en las nubes, entre las más veloces aves, la más poderosa es el águila, entre las fieras, el carnívoro león y los dragones lo son entre los reptiles, así el asembroso delfín supera a todos los peces que enseñorean el mar.

Lo compara también con una flecha:

> Como una flecha vuela a través de los anchos mares.

Finalmente lo compara con el viento, con el torbellino y, mejor, con el huracán:

> A veces, por las altas olas, tan veloz corre como el huracán.

Plinio, en el libro nueve de la *Historia natural*, capítulo octavo, siguiendo la opinión de Aristóteles, narra algo semejante: el delfín es el más rápido de los animales, no sólo en el mar, sino que es más ágil que cualquier ave, más rápido que una flecha.

***

¿Qué símbolo más apto para representar el ímpetu indómito y fogoso que el delfín?; por el contrario, para significar la lentitud y la indolencia nada mejor que otro pez: el "retienenave", que los latinos llaman rémora; pero como su aspecto parecía poco expresivo (pues además de ser muy pequeño no tiene distintivo característico), se prefirió el símbolo del áncora, la cual, cuando la navegación se vuelve peligrosa por los vientos poco favorables, detiene la nave en carrera veloz y la sujeta firmemente. Y así este adagio, "Festina lente", parece arrancado de los misterios de la más antigua filosofía y, por ello, elegido por los dos emperadores más estimados; para uno sirvió de divisa, para el otro de emblema y, en ambos, cuadra a sus costumbres y carácter.

En este momento la herencia ha llegado, como tercero tras los dos emperadores romanos, a Aldo Manucio.

No sin designio y voluntad del cielo, según tengo por cierto.

Pues el mismo símbolo que en otro tiempo agradó a Tito Vespasiano, es ahora famosa marca de impresor, conocida y apreciada en cualquier parte de la tierra donde hay hombres que conocen y aprecian la literatura clásica. No creo que este símbolo fuese tan ilustre cuando, esculpido, para los negocios, en la moneda imperial, era manoseado, que ahora, cuando entre toda la gente y más allá de los límites de la cristiandad, al mismo tiempo que los diversos libros en ambas lenguas, se propaga, se conoce, se ensalza por todos aquellos para quienes los estudios clásicos son sagrados, especialmente para aquellos que, hastiados de esta bárbara y grosera enseñanza, aspiran a la verdadera y antigua erudición; para restituir la cual parece nacido este varón y por el destino, por así decirlo, creado y enviado; pues él tiene este único y ardiente deseo que persigue infatigablemente, por el cual no rehuye trabajo alguno: restituir plenamente para las personas interesadas los textos fundamentales, íntegros, puros y auténticos.

Cuán grande y valiosa ha sido su aportación aunque, como dije, no le hayan sido favorables los hados, lo manifiesta palmariamente la realidad lograda. Porque si a estos hermosísimos y regios deseos de nuestro Aldo algún dios que ame las letras le protege y "las divinidades desfavorables no lo impiden", prometo a los estudiosos que dentro de pocos años todas las obras de grandes autores en las cuatro lenguas latina, griega, hebrea y caldea, en cualquier disciplina, por obra de este hombre, las encontrarán en su totalidad y en buenas ediciones, y ningún texto fundamental nadie echará de menos.

***

Aldo está erigiendo una biblioteca cuyas fronteras son las fronteras de la tierra.

***

Retorno al tema en el punto que lo dejé no sin antes exponer mi queja contra ciertos impresores que hacen un flaco servicio a la literatura. No es nueva esta queja, es más justa que cuando se me preparaba —si no me equivoco— la cuarta edición. Ésta fue el año 1525.

Venecia, ciudad celebérrima por muchos títulos, es más célebre por la oficina de Aldo; de tal forma que los libros que se llevan a naciones extranjeras son vendidos enseguida por ser su origen tal ciudad. Pero algunos sórdidos impresores abusan del nombre por sucio negocio; de ninguna otra ciudad nos llegan ediciones de los autores antiguos tan pervertidas; sin ser respetados, sino todo lo contrario, los autores principales como Aristóteles, M. Tulio y Quintiliano, por no quejarme de las Sagradas Escrituras.

Las leyes procuran que nadie cosa zapatos ni construya muebles si no fuere reconocido en su oficio por el gremio. Pero algunos ignorantes de las letras editan a muchos autores, cuyas obras merecen sagrado respeto, tan mal que ni se pueden leer; tan perezosos que ni siquiera releen lo impreso; tan sórdidos que más pronto permiten que seis mil errores llenen un buen libro que con unas monedillas de oro pagar un corrector. Nadie promete más grandiosamente en la portada que el que más desvergonzadamente corrompe los textos.

***

Quizá alguien diga: "¡Tú, profeta de la desgracia! ¿Por qué hablas de los impresores?." Porque mucha parte del mal lo lleva consigo la licencia no penada de éstos. Llenan el mundo de libros, no diré ya, sobre pobres niñerías, cual yo quizá escriba, sino de libros necios, ignorantes, maldicientes, infames, airados, impíos y sediciosos; el conjunto de ellos hacen que se pudra hasta el fruto de los libros saludables. Algunos editan libros anónimos o, lo que es más infame, bajo seudónimo. Si se les coge, responden: "Denme pan para alimentar a mi familia y no imprimiré tales libros." Con la frente más alta el ladrón, el impostor o el alcahuete podrían decir: "Dame para vivir y abandonaré estas artimañas"; como si fuese más leve crimen quitar ocultamente los bienes ajenos que abiertamente la fama ajena.

***

Pero dejemos las quejas. Vamos a mostrar el remedio. Se remediaría el mal si los príncipes y magistrados procuraran, en cuanto fuera posible, eliminar a los ociosos que generan principalmente las guerras mercenarias; después, para los desalmados que no se dejan refrenar por la razón, ni por el pundonor, las leyes mantengan el látigo preparado para cambiarles a mejor. Por otra parte, a los que buscan el bien de la sociedad, cuando les falten las fuerzas, les socorran con subvenciones por parte de los príncipes, obispos, abades o del erario público. Pues no se puede esperar que cumplan tales deberes los negociantes que se entregaron a Mammón. Quien por levantar un altar o un sepulcro, quien cuelga un cuadro o erige una estatua se promete renombre famoso para la posteridad, siendo que tendría más viva fama sí la preparase por este otro camino.

***

No es momento ahora de recordar de cuántas maneras los magnates despilfarran su dinero; cuánto malgastan en juegos, prostitutas, bebida, viajes banales, desfiles suntuosos, guerras provocadas por una nadería, desmesuradas aspiraciones, bufones y comediantes. Al menos una parte de todo esto, que tan vergonzosamente despilfarran, podría dedicarse a la utilidad pública, a su propio buen nombre, o a ambos al mismo tiempo.

¿Quién de los hombres cultos no ayudaría a Aldo en sus empresas? ¿Quién no pondría a su disposición algo para aligerarle el ímprobo trabajo? ¡Cuántas veces le llegaron de Hungría y Polonia antiguos manuscritos para publicarlos! ¿Acaso fue sin pagarlos? Lo que Aldo emprendió en Italia —pues él ha muerto en el entretanto prosigue su taller gozando de buen renombre y lo mismo emprende más allá de los Alpes Juan Froben, con no menor empeño que Aldo y con parejo éxito, pero no se puede negar que con menos ganancias. Si buscamos la razón, la principal entre muchas otras es que no es igual el entusiasmo espiritual entre nosotros que entre los italianos, al menos en lo que respecta a la literatura.

***

Los grandes señores favorecen los intereses literarios con tan poca generosidad porque piensan que no hay dinero más inútilmente perdido que el destinado a tal uso; nada les place en absoluto si no les reporta alguna ganancia. Si los príncipes cisalpinos protegiesen las nobles empresas con el mismo entusiasmo que lo hacen los italianos, las "Serpientes" de Froben tendrían los mismos éxitos que los "Delfines" de Aldo. Este, con el lema *Festina lente* se ha creado no menos ganancias que renombre, digno merecedor de ambas cosas; Froben, que mantiene erecto su báculo, que busca sólo la utilidad pública, que no se aparta de la sencillez de la paloma, que la prudencia de las serpientes la manifiesta más en su marca que en los hechos, es más famoso que rico.

Pero acabemos ya con los excursos; volvamos de nuevo a la explanación de nuestro adagio. De tres formas se puede utilizar el proverbio.

Primera forma: cuando se aconseja deliberar largamente antes de emprender un asunto y una vez tomada la decisión hay que obrar rápidamente; así al áncora corresponde la lentitud en el consultar y al delfín la celeridad en el ejecutar. Vienen al caso aquellas palabras de Salustio:

> Antes de empezar una acción es necesario deliberar; y una vez que se ha deliberado, importa ejecutar con rapidez.

Esta sentencia la reseña Aristóteles en el libro sexto de la Moral como conocida por todos, cuando escribe:

La deliberación requiere mucho tiempo y se dice que debemos poner en práctica rápidamente lo que se ha deliberado.

Según Laercio esta frase proviene de Bias, quien solía aconsejar: Hay que emprender un negocio detenidamente, pero llevarlo hasta el fin con energía y tenacidad.

A ello acude también el título de aquella comedia, creo que de Publio: "Largamente se debe preparar la guerra para vencer rápidamente"; y aquella otra: "Deliberar lo necesario cuesta tiempo, pero recompensa." A esto se puede añadir aquel refrán: "En la noche consultar"; además, también el verso de Sófocles en *Edipo rey*:

Pues los que se precipitan no son seguros para dar una opinión.

Además, se podrían agregar las palabras de Platón que anteriormente hemos citado:

Quien al principio apresuradamente corre demasiado, llega el último a la meta.

Poco difiere, y por ello debe incluirse en este apartado, lo que dice Quintiliano:

Los ingenios precoces, no sin dificultad llegan a dar su fruto.

Y lo que vulgarmente se dice:

Niños listos, viejos tontos.

Lo cual parece aprobar Accio quien, citado por Gelio, afirma que en los jóvenes talentos como en los frutos no maduros, es gustosa cierta acidez; la fruta ácida madura y ya madura toma sabor dulce, pero la fruta no ácida antes de tiempo se pudre.

Segunda forma de uso: cuando se aconseja que las pasiones del alma deben moderarse con las riendas de la razón. Platón divide el alma humana en tres partes: la razón, la iracundia y la pasión y cree que la finalidad de la filosofía es que las pasiones obedezcan a la razón como a un rey que tiene su sede en el cerebro, como en su propio castillo. Los peripatéticos, con Aristóteles al frente, piensan que las pasiones son los ímpetus del alma, o estímulos naturales con los que somos incitados a practicar la virtud, aunque este concepto lo repiten los estoicos y particularmente Séneca en el libro *Sobre la ira*, que dedicó a Nerón.

Creen sin embargo, que las pasiones de esta clase no llevan a la virtud sino que la obstaculizan; aunque, ciertamente, no pueden negar que sólo en el alma de su imaginario sabio están presentes, al menos en el comienzo, las pasiones que se anticipan a la razón y que ellos no pueden eliminar de raíz; pero la razón las tiene a raya y obstaculiza para que no se ceda ante ellas. Esto mismo insinúa Homero cuando en el libro primero de *La Ilíada*, Palas se coloca detrás de Aquiles y retiene su mano a punto ya de golpear con la espada. Por eso, llamaríamos correctamente "Delfín" a los movimientos violentos y "Ancora" a la sabiduría que refrena.

Séneca escribió que, a nada, sino a la ira, es conveniente el detenimiento. Es más cuando odiamos o deseamos intensamente, es entonces necesaria la dilación. Plutarco, en los *Apotegmas de los romanos*, cuenta que el filósofo Atenodoro, debido a su ancianidad, pidió a Octavio Augusto licencia para volver a su casa y, al mismo tiempo, le aconsejó al emperador que no hablase ni obrase indignado sin antes escribir el nombre de cada uno de los veinticuatro caracteres del alfabeto griego. Escuchado lo cual, le respondió Octavio Augusto que todavía necesitaba su ayuda para aprender el arte de callar y con este pretexto retuvo a aquel hombre todo el año cerca de sí. Con esto están relacionadas las palabras de Terencio:

Mira que no sea cosa demasiado temeraria.

Hay personas que necesitan espuelas, otras necesitan freno. Por ello los antiguos romanos quisieron sensatamente, que el áncora fuera rodeada por el delfín, porque conviene que el uno modere al otro y ambos estén unidos en armonía, cual, piensa Platón, se forma entre la música y la gimnasia y se ejecutan al unísono.

Tercera forma de uso: si aconsejamos en todo negocio evitar la rapidez precipitada, vicio tan corriente en algunos caracteres que, en cualquier situación, un pequeño retraso les parece una eternidad. De tales prisas suelen ser compañeros el error y el arrepentimiento, según el conocido verso griego:

Para muchos la precipitación es la causa de sus males.

A estos tales se les puede aplicar el dicho de Catón:
"Bastante rápido, bastante bien",
del cual hizo mención San Jerónimo cuando escribió estas palabras a Pammaquio:
> Conocido es el dicho de Catón "Bastante rápido, bastante bien" del cual nosotros nos reíamos cuando, adolescentes, lo oíamos decir a un buen orador en su propia presentación. Creo que te acordarás de nuestro error, cuando toda la clase gritaba a voces el atenaico *¡Sat cito, si sat bene!*

Hasta aquí San Jerónimo. El refrán importa a aquellos que buscan llegar rápidamente a la fama y la prefieren ilusoria y grande, mejor que sólida y verdadera. Pues todo lo que madura rápido también se marchita rápido; lo que poco a poco crece es duradero.

Así Horacio:
> Crece, como el árbol en el oscuro seno del tiempo, la fama de Marcelo.

Píndaro, en *Las Nemeas*, himno VIII:
> Igual que cuando nutrido del rocío fresco un árbol puja, acrece la virtud en las sabias y justas sentencias de varones, alzada al húmedo cielo.

En definitiva, a quienes pecan de indolencia o de inmoderado ímpetu, convendría recordarles el lema de Octavio Augusto *Festina lente*, símbolo en otro tiempo Tito Vespasiano y ahora de Aldo, para que se acuerden del "Delfín" y del "Áncora."

⸱ Estamos en la misma nave
IN EADEM ES NAVI

En el libro segundo de las *Cartas a los familiares* escribe M. Tulio a Curión:
> Estés donde estés, como te escribí recientemente, estás en la misma nave; sin embargo me alegro de que no estés aquí.

Por "en la misma nave" entiende él "en común peligro." Así como para los que navegan en el mismo barco el peligro de naufragio es

común, poco importa si van en la proa, en la popa o en el centro: nadie se libra del común peligro.
En otro pasaje:
> Me admiro y me duele que un hombre quiera hundir a otro barrenando la nave en la cual él mismo está navegando; es como querer destruir la república aun pereciendo con ella

En *Las avispas*, de Aristófanes leemos:
> Concierne a toda la gran nave de la ciudad.

Es familiar a los poetas encontrar semejanza entre las naves y la república.

❧ Tener un pie en la barca de Caronte
Alterum pedem in cymba Charontis habere

Las personas de extrema y decrépita vejez tienen, según se dice vulgarmente, incluso hoy, un pie en la tumba. No difiere mucho de esto lo que escribió Luciano en la *Apología*:
> Cuando ya casi está en compañía del propio Eaco y a punto de meter un pie en la barca de Caronte.

Y él mismo dice en *Hermótimo o sobre las sectas*:
> ¿Cuánto tiempo te quedará para disfrutar de él, viejo ya y pasado de rosca para todo placer, con un pie, como dicen, en la tumba?

Pomponio, en el libro XL de las *Pandectas*, cuyo capítulo es "La libertad de los fidecomisos", explicó con estas palabras:
> Yo, por el ansia de saber, que consideré la mejor razón para vivir hasta mis setenta y ocho años, recuerdo aquella sentencia que, se gún parece, dijo Juliano, aunque tuviera un pie en el sepulcro, todavía desearía saber más.

No estoy seguro si a esto se refiere Luciano en *El barco o los deseos*:
> No hay que preguntar si Adimanto quiere, pues tiene ya uno de los dos pies en la nave.

Plutarco en su tratado *Sobre la educación de los niños* nota que el insulto vulgar llama a los ancianos "viejo bobo" y "fantasma sepulcral", porque por la edad chochean y están junto a la tumba,

y más parecen espectros sepulcrales que hombres. Plauto habla del viejo como gastado y decrépito y Terencio lo llama "cadáver ambulante." Y hay quien lo llama "muerto viviente."
Los griegos llaman, según Hesiquio y Suida, a los extremadamente viejos "ancianos sepulcrales" o "destinados a la laguna"; aquéllos porque están cerca de la tumba, éstos porque, según se creía, pasaban la laguna Estigia para llegar a los infiernos.

⸙ Proclamas de Arquíloco
Archilochia edicta

Apariencia de adagio tienen aquellas palabras que Cicerón escribió a Ático en el libro segundo:
> Bien, los edictos arquiloquios de Bíbulo contra él, le gustan tanto a la gente que no podemos atravesar el sitio donde están colocados a causa de la multitud que acude a leerlos.

Los edictos injuriosos y virulentos los llama Proclamas de Arquíloco. Era proverbial la mordacidad del poeta Arquíloco. A su suegro Liconte, que le había repudiado, y a la hija del mismo persiguió con tan virulentos versos que ambos se colgaron de una soga.

⸙ Un siciliano el mar
Siculus mare

Un siciliano el mar, completemos, mira. Se refiere a aquellos que de nuevo buscan enfrentar el peligro.
Se dice que el hijo de un siciliano sufrió un naufragio mientras transportaba higos; sentado más tarde en la orilla veía el mar apacible y tranquilo, como invitándolo a navegar de nuevo. Se cuenta que dijo:
> Sé lo que quieres, quieres los higos.

Reseñan este dicho todos los coleccionistas de proverbios griegos.

❧ Cantas siempre la misma canción
Cantilenam eamdem canis

Se refiere el dicho a cuánto molesta aquel que repite constantemente lo mismo. Nada más odioso que lo que se repite siempre igual. El rufián Dorio dice en *Formión* de Terencio:
> Cantas siempre la misma canción; pensaba que ibas a añadir algo nuevo.

Es corriente en los poetas a la noticia llamar "canción." En *Ion* de Eurípides, Creusa exclama:
> ¡Qué canto es ése! ¿A qué teméis?

En *Hécuba*, dice Eurípides:
> ¿Llegará un canto de gemidos a quienes gimen?

El origen del dicho son los cantantes que repiten una y otra vez la misma canción hasta el aburrimiento de los oyentes. Por eso los artistas experimentados varían a menudo sus melodías, para evitar el hastío.

❧ Suplicios de Tántalo
Tantali poenae

Estamos hablando de aquellos que tienen muchos bienes pero no los pueden disfrutar.

La fábula cuenta que Tántalo, a quien los poetas imaginan sediento a la orilla de un río en los infiernos, si se acercaba al agua para beber ésta se retiraba. Sobre su cabeza tenía un árbol cargado de manzanas, pero en cuanto alargaba la mano el árbol se alejaba, con lo cual estaba atormentado en medio de la abundancia.

En otro tiempo esto se solía aplicar a los sórdidamente parcos según testifica Horacio en los *Sermones*:
> Tántalo sediento intenta alcanzar los ríos que huyen de su boca. ¿De qué te ríes? Mudando el nombre, de ti hablará la historia: amontonas de todas partes alforjas sobre las que duermes con ansia y te fuerzas a respetarlas, como si fueran sagradas o gozaras de cuadros de arte.

Y también en las *Odas*:
> Entre grandes riquezas, pobre.

Gregorio Nacianceno, en la epístola a Basilio, bellamente invita a rechazar las delicias mundanas que jamás satisfacen el alma:
> Como Tántalo, y miserables sedientos como él en medio del agua, vamos buscando la deplorable y nunca saciadora pandesía.

Llaman los griegos πανδαισία (pandesía) a un banquete dispuesto con todo género de delicias.

❧ Comer lotos
LOTUM GUSTAVIT

Comiste lotos se decía de quienes permanecían largamente en remotas regiones, como olvidados del regreso. No sin acierto lo dirías de quienes una vez probado el placer deshonesto no pueden retornar a las anteriores ilusiones.

La expresión está tomada de la historia de los lotófagos que Homero nombra en *La Odisea*, libro nueve, cuando narra que los compañeros de Ulises, probada la planta del loto, no querían volver a la nave sino forzados por las azotes:

> ...vinieron a dar con los hombres que se nutren del loto y que, en vez de tramarles la muerte, les hicieron su fruto comer; el que de ellos probaba su meloso dulzor, al instante perdía todo gusto de volver y llegar con noticias al suelo paterno; sólo ansiaba quedarse entre aquellos lotófagos, dando al olvido el regreso, y saciarse con flores de loto.

Dioscórides, libro I, enseña que se llama también "celtim"; es un árbol del cual habla Plinio, libro XIV. Su fruto era un alimento tan dulce que dio nombre a las gentes y tierras demasiado acogedoras, que llegaban a olvidar su patria.

Existe una hierba del mismo nombre agradabilísima al paladar de la cual habla mucho Teofrasto, libro IV *Sobre las plantas*, capítulo IX. Hemos encontrado este proverbio en colecciones muy recientes y se me ha ocurrido reseñarlo porque me parece atractivo.

ॐ Los perros de Promero
Promeri canis

Se habla de los "perros de Promero" cuando alguien encuentra la venganza de quien le había injuriado en alguna ocasión. Promero era ministro del rey y odiaba sobremanera al poeta trágico Eurípides, porque éste, en cierta ocasión, le difamó delante del rey no sé por qué motivo. Promero soltó más tarde, contra el poeta, sus perros furiosos que le devoraron.

Cuando un poderoso, del cual tú has causado la ira, a escondidas soborna y solivianta a otros contra ti, entonces se cumple el dicho:
>Los perros de Promero.

Equivalente al referido en otro lugar:
>La venganza de los perros.

Lo cita Diogeniano.

ॐ Desnudo como recién nacido
Nudus tanquam ex matre

Proverbial hipérbole sobre el pobre extremo. Completamente desnudos nacemos, no cubiertos siquiera de pelo y mucho menos de vestidos, lo cual no sucede exactamente en los otros animales.

Este dicho está actualmente en boca de todos:
>Tan desnudo como cuando nació.

Semejante es aquel otro dicho:
>Desnudo como después de un naufragio.

ॐ Es vergonzoso permanecer largo tiempo y volver de vacío
Foedum est mansisse diu, vecuumqe redisse

Este verso homérico del libro segundo de *La Ilíada* indudablemente se debe contar entre los que Macrobio dice que se han convertido en proverbio. Se refiere al personaje que concitó gran expectación, a la

que después no responden los hechos; como quien por sus estudios se ausenta largo tiempo y no vuelve más sabio; o quien, tras larga ausencia por razón de negocios, no retorna más rico; o si alguien, siendo ya longevo, nada haya realizado en su vida que testifique que ha vivido.
 M. Tulio usó este proverbio en el libro 6 de las *Cartas a Ático*, que empieza:
  Ahora estás ya en Roma…

Más casto que Melanión
Melanione castior

Más casto que Melanión se dice de quien se aparta angustiosamente del contacto con las mujeres. Se cuenta que un tal Melanión, por odio a las mujeres, se retiró a la soledad y por caminos y puentes inaccesibles de los montes y bosques que él sólo frecuentaba, solía perseguir las fieras; nunca pudo regresar a casa. Recuerda Aristófanes este adagio en *Lisístrata*; si bien no reconoce que fuese publicado nosotros lo hemos leído manuscrito.
 En el mismo sentido se dice:
  Más casto que Hipólito, que tenía el mismo deseo de cazar y el mismo odio a las mujeres.

❦ Es colosal
Colossi magnitudine

"Grande como un coloso" es una hipérbole proverbial en Luciano, referida a hombres de gran mole corporal, como las grandes estatuas que llaman "colosos"; entre éstas la más célebre es el Coloso del Sol de Rodas, de setenta codos de altura, es decir, de ciento quince pies según Festo Pompeyo, cuyo pulgar pocos podían apenas abrazar. Plinio pone ejemplos de otras estatuas de prodigiosa magnitud. Pues en otro tiempo los emperadores romanos se complacían en gastos suntuosos para levantarlas; ellos preferían más, según parece, ser grandes que buenos.

He leído que la expresión "Grandes como el Etna" se aplica a los muy grandes. Los grandes y muy molestos, que se les llama "Athones" (como el monte Athos), me parece recordar que en otros sitios se dice que son "carros de carga."

❦ Ir contra la corriente
Contra torrentem niti

Se dice que van contra la corriente quienes inútilmente luchan contra lo que no pueden vencer. Como los nadadores que suelen nadar a favor del río, sobre todo si es impetuoso, porque si van en contra no avanzan.

Este adagio lo usa Aurelio Agustín en una carta a San Jerónimo. Por otro lado, la prudencia de Crispo al hacer concesiones a la violencia de Domiciano y secundar su carácter irritable:

De modo que Crispo nunca nada contra corriente.

Igualmente Ovidio:

Es necio el nadador que, pudiendo nadar hacia abajo sosegadamente, se empeña en ir contra la corriente.

Gregorio el Teólogo a Eudoxio el Retórico:

No hay que hacer frente al ímpetu del río, enseña el proverbio.

❦ La cena pontifical
Pontificalis coena

En otro tiempo, a las cenas suntuosas y opíparas se las llamaba pontificales. A lo cual alude Horacio en las *Odas*:

Un heredero más digno que tú se beberá las Cécubas, guardadas con cien llaves, y teñirá el pavimento con un vino orgulloso, más añejo que el de las cenas de los pontífices.

En este pasaje el comentarista advierte que las cenas fastuosas solían llamarse pontificales. Macrobio, en el libro tercero de *Las saturnales*, describe una antiquísima cena de un pontífice dispuesta con todo boato y toda clase de lujo. De aquí tiene su origen la costumbre de

realizar cenas solemnes y sagradas preparadas con los más exquisitos manjares. Está de acuerdo con lo escrito por Horacio el que en algún tiempo se celebrase en París el llamado, como por juego, Vino Teológico, que consistía en un vino fortísimo y sin mezcla. Alguien, preguntado por la causa de este proverbio, respondió seriamente que por las prebendas, decanatos y archidiaconatos que eran detentadas por los gobernadores, y sólo quedaba para los teólogos el cuidado de las almas. Y como de los pastores de almas escrito está:
> Comeréis los pecados del pueblo,

no es raro, pues, que para la digestión de alimento tan duro se necesita vino tan eficaz. Plauto, en los *Dos Menecmos*, de modo semejante habla de cenas de Ceres, diciendo:
> Es que ésa es su manera de ser; y él mismo es de mucho comer, da unas cenas que ni las de Ceres, menudas mesas que prepara, menudas montañas de platos; de pie tienes que ponerte en el diván para alcanzar a lo de arriba.

También hemos hallado las expresiones "cenas opíparas", "cenas pringosas" y "cenas inaugurales." Terencio en *Formión* llama "cena dudosa" a la suntuosa y abundante.

❦ El largo paso del tiempo corrompe la piedra
Vitiat lapidem longum tempus

Hasta las piedras corromperá el paso del tiempo. Nada en la naturaleza es más duradero que la piedra, pero también ésta la desmorona el largo paso del tiempo. Este pensamiento lo encontramos en los relatos de los poetas: Saturno, dios del tiempo, queriendo devorar a Júpiter engulló una piedra colocada en lugar del aquel.

Ovidio, en el libro IV de *Las pónticas*, se ufana:
> Una gota de agua socava la roca, el anillo se desgasta con el uso
> y la curva reja con la apretada tierra. El tiempo voraz lo destruye
> todo menos a mí.

🔖 Aquí Rodas, aquí un salto
Hic Rhodus, hic saltus

Es un dicho corriente aplicado a gentes que se jactan insolentemente de alguna hazaña de la cual no pueden dar fe. Tomado está de una fábula esópica:
> Un muchacho se jactaba de que mientras estuvo en Rodas daba espléndidos saltos ante la incredulidad de los presentes. Uno de los oyentes, tomando la palabra, dijo: "Eso es verdad; aquí está Rodas, aquí está el salto."

Es conveniente demostrar realmente lo que se dice haber hecho en otra parte. Ovidio dice en *Las metamorfosis*:
> Que Ulises cuente las acciones que lleva a cabo sin testigos, de las cuales es cómplice únicamente la noche.

Creo que es semejante a esto lo que dice Teócrito en *Los caminantes*:
> Compite desde ahí conmigo, al tiempo apacienta los toros.

Algunos, cuando se encuentran seguros, hablan de sus glorias, pero si tienen peligro desvían la conversación; a éstos debe aplicárseles el dicho. Una expresión parecida dicen los griegos cuando quieren contar el dinero sonante sobre la mesa:
> Deposítalo aquí mismo.

En *Ateneo*, libro sexto se lee:
> Si has de contar dinero que esté encima de la mesa.

Aunque en los códices registrados se lee "aquí" pero erróneamente, si no me equivoco.

🔖 Cantarán los cisnes cuando callen los grajos
Tunc canent cygni, cum tacebunt graculi

Hablarán los eruditos cuando no haya lugar para los charlatanes; entre los charlatanes y vocingleros no hay lugar para los sabios. Este adagio lo usó Gregorio el Teólogo, según creo, en las *Epístolas*:

Deja de interrumpir con tantas charlatanerías nuestro silencio, o te aplicaré el proverbio, tan verdadero como breve: Cantarán los cisnes cuando callen los grajos.

Ahora hablan Cicerón, Virgilio, Horacio; callan. Pero, Filisco, Mevio, que mientras vivieron no dejaron de vociferar; tanto más charlatanes, cuanto más ignorantes.

⸎ Por la picadura de una pulga, a Dios invoca
In pulicis morsus deum invocat

Aplícase contra aquellos que, aunque el asunto sea leve, se preocupan como sí fuese de lo más grave. Proviene de una fábula esópica:
> Un hombre, molesto con la picadura de una pulga en el pie, que ligeramente le dolía, se sentó acurrucado e invocó a Hércules, liberador del mal; en cuanto saltó la pulga, lanzó improperios contra Hércules que, si aclamado en tan pequeño peligro, no le ayudó, no le parecía verosímil lo hiciese en peligros más graves.

Semejante es lo que refiere Aristóteles en *La moral a Nicómaco*, VII de los excesivamente miedosos:
> Como aquel que teme siempre, hasta cuando hace ruido un ratón.

La llama "timidez animal."

⸎ Cabeza vacía de cerebro
Caput vacuum cerebro

¡Oh qué cabeza, cerebro no tiene!

Refiérese a todos los que, carentes de ingenio, sobresalen por la belleza de su cuerpo. Su origen está en la fábula esópica:
> Entre la gente se dice, de los insensatos y necios, que tienen la cabeza vacía de cerebro.

❦ Con la cabeza descubierta
Nudo capite

Se dice "Hacer algo con la cabeza descubierta" de aquellos que hacen cualquier cosa abiertamente y sin pudor. Era costumbre taparse la cabeza con un trozo de tela cuando se hacía algo vergonzoso. Plauto en *Los cautivos*:
> Ellos mismos se van derechitos del mercado a los locales de bureo con la cabeza igual de alta que cuando en la asamblea pública condenan a los acusados culpables.

No deja claro si debe leerse "abierta", "cubierta" o "descubierta", por ironía, pues el sentido es idéntico en ambas lecturas.

Utilizó este adagio Cirilo comentando a San Juan y San Juan Crisóstomo en el *Elogio de Babila mártir*. Sócrates, en el *Fedro* de Platón, prefiere hablar con la cabeza tapada para no sentir vergüenza al narrar los amores de un joven muy bello.

❦ La guerra es el padre de todas las cosas
Bellum omnium pater

Luciano cita estas palabras, proferidas como proverbio, en el comentario sobre "Cómo debe escribirse la Historia":
> Más aún, todos se nos han convertido en Tucídides, Heródotos y Jenofontes y, al parecer, era verdad aquello de "la guerra es el padre de todo", ya que, efectivamente, hizo surgir a tantos escritores de un solo impulso.

Este proverbio significa que la guerra es la responsable de toda renovación, de manera que parezca que todo nace de ella. A no ser que alguien prefiera la opinión de algunos filósofos que afirmaron que la lucha engendra el conjunto de todas las cosas.

❧ Piel de león sobre túnica de azafrán
Leonis exuvium super crocoton

Se dice esto cuando se juntan dos cosas que no concuerdan entre sí. La expresión está tomada de Baco que, según Aristófanes, descendió con este adorno a los infiernos; iba vestido con un delicado vestido de mujer y encima se puso una piel de león para que en los infiernos se le confundiese con el formidable Hércules.

Hércules se ríe de él, adornado de esta manera, en *Las ranas*:
> No puedo, en verdad, aguantar la risa viendo una túnica de azafrán junto con la piel de león

Este refrán se podría aplicar justamente a ciertos monjes que, llevando por fuera las insignias de su orden, interiormente imitan el género de vida militar; o que bajo aspecto ascético en el rostro ocultan costumbres afeminadas.

❧ Pongo, prudente, la mano en el fuego
Prudens in flammam mitto manum

San Jerónimo, en algún escrito, usa el proverbio de este modo:
> Pongo, prudente, la mano en la llama,

queriendo decir: consciente, me expongo al peligro de algún daño.
Parece que el origen está en la historia de Mucio Scévola. Consta también en Cicerón.

❧ Palpar en las tinieblas
Palpari in tenebris

De los que investigan algún hecho con inciertas conjeturas se dice que "andan a tientas en la oscuridad."
Aristófanes en *La paz*:
> Hasta ahora, en efecto, tanteábamos los asuntos en la oscuridad; en cambio ahora debatiremos todo a la luz de las lámparas.

Alude el poeta a la astucia de Hipérbolo, que de fabricante de candiles fue nombrado arconte. Utiliza este proverbio Platón en el *Fedón*. También hoy se dice de las conjeturas inciertas "se anda a tientas."

❦ El lobo en la fábula
Lupus in fabula

Cuando por casualidad en medio de una conversación aparece aquel de quien se está hablando, entonces es apropiado aquel verso del libro X de *La Ilíada*:
> Se presentaron ellos cuando aún no se había acabado la conversación.

❦ Con la unión se afianzarán incluso las fuerzas pequeñas
Concordia fulciuntur opes etiam exiguae

Otra sentencia proverbial se encuentra en el canto XIII de *La Ilíada*:
> La colaboración torna en algo hasta el valor de los miserables.

Es oportuno recordar este proverbio para dar a entender que no se debe despreciar la amistad o la unión de muchos, aunque sean débiles y cada uno de ellos, por su cuenta, despreciable.

Pues como dice Ovidio:
> …las pequeñeces, aunque en particular, no sirvan para nada, en conjunto son de provecho.

❦ Breve es la vida humana
Vita mortalium brevis

Este adagio nos advierte que es preciso entregarse al trabajo para que podamos dejar a la posteridad memoria de nuestra vida honesta, que dure perpetuamente, pues a esta vida, comprimida por tan estrechos límites, se le podría aplicar el siguiente verso de Ovidio:
> Corto tiempo dura la vida del hombre.

❧ El etíope no emblanquece
AETHIOPS NON ALBESCIT

Suele aplicarse el dicho "el etíope no se vuelve blanco" a quienes nunca cambiarán su carácter. Lo que es de nacimiento no fácilmente se muda. Cuenta una fábula esópica de un hombre que, habiendo comprado un etíope y pensando que su color no era de nacimiento sino que había ennegrecido por desidia de su anterior dueño, largamente lavó y restregó hasta hacerle enfermar; pero no pudo cambiar su color.

También podemos encontrar un epigrama atribuido a Luciano:
¿Por qué lavas inútilmente al etíope? Deja de trabajar en vano.
Nunca lograrás que la noche se convierta en día.

❧ El ojo de la justicia
JUSTITIAE OCULUS

De un juez sinceramente honrado y de su juicio se dice que es el "ojo de la justicia." Este dicho parece tomado de una descripción de Crisipo citada en Aulo Gelio, libro XIV, cap. IV, en la cual atribuye a la justicia ojos perspicaces, de mirada recta y fija porque, como él dice, quien debe hacer justicia no puede desviar los honestos ojos aquí y allá.

Es célebre este verso senario proverbial:
El ojo de la justicia lo ve todo.

❧ Hoy nadie, mañana el más grande
HODIE NULLUS, CRAS MAXIMUS

Suele decirse "Quien nadie es hoy mañana será el más grande", de aquel que de repente y sin esperarlo recibe un gran honor.

Aún hoy en el lenguaje corriente se dice de la gente que de la más baja condición alcanza altos cargos, que ha salido de la nada. Consta en *Los caballeros* de Aristófanes.

ॐ A Dios nadie puede dañar
Deo nemo potest nocere

La sentencia es piadosa, pero es proferida impíamente por Creonte en *Antígona*:
> Ningún mortal puede mancillar a los dioses; sé muy bien que ningún mortal tiene fuerza para contaminar a los dioses.

En la antigüedad prevalecía la convicción de que se ofendía a los dioses de los infiernos si se negaba la sepultura a un muerto, que se ofendía a Júpiter Protector si no se atendía al suplicante. Pero Creonte pensaba que los dioses no se inquietan por estas cosas y por tanto nada les ofende.

Este verso puede aplicarse a quienes consideran indigno de Dios el estar oculto en el vientre de una Virgen y nacer por el útero de la misma, como las demás personas, o quienes creen que se envilece el Cuerpo del Señor porque descienda al estómago inmundo de un hombre:
> No se mancha el Sol por iluminar las cloacas y las charcas.

ॐ Albergar una culebra en el regazo
Colubrum in sinu fovere

Aplícase este proverbio a quien abraza con amoroso cuidado a un hombre ingrato que quizá después le hará daño. La idea está tomada de un apólogo atribuido a Esopo. Un tal Gabrias (Babrio), lo expresó de este modo en yambos:
> Un campesino cogió una víbora que estaba muriéndose de frío y la calentó. Ésta una vez que se despertó se le subió a la mano y, picándole de manera incurable, mató. Al morirse dijo estas palabras dignas de recuerdo: "Justo es lo que me ha pasado por haberme compadecido de un malvado."

Hay otro apólogo sobre la gallina que empolló los huevos de una serpiente, a la cual advierte la golondrina que no los abrigue para su desgracia.

❧ El pescado empieza a oler por la cabeza
Piscis primum a capite foetet

Aplícase este dicho contra los príncipes con cuyo mal ejemplo, el resto del pueblo se envilece.
Procede, por lo visto, del lenguaje del pueblo llano.

❧ Mala olla no se rompe
Mallum vas non frangitur

No hay nada más duradero y más seguro que lo deleznable. El mismo valor que esta metáfora tiene el dicho popular.
Mala hierba nunca muere.

❧ Enfermedad trágica
Tragicum malum

Llámase "enfermedad trágica" al sufrimiento grave tal y como se representa en las tragedias. No sucede así en la comedia.
 Quintiliano describe dos modos de sentimientos: los más atroces, del gusto de la tragedia; los más suaves, preferidos por la comedia. Los sentimientos trágicos los llamamos "pasión"; los cómicos, "humor".
 La tragedia siempre tiene un triste final; en la comedia es un final alegre. Por eso Plauto, citado por Festo Pompeyo, dijo "cómico" por "alegre":
 Vete, has vivido dulce y alegremente.

❧ Los molinos de los dioses muelen lentamente
Sero molunt deorum molae

Plutarco, en el comentario que lleva por título "Sobre la tardía venganza de los dioses", dice:
 No veo, pues, utilidad alguna a los molinos de los dioses, de los cuales se dice que muelen lentamente.

Si tenemos en cuenta las palabras que anteceden a las citadas, se puede deducir que el proverbio se aplica a los malhechores que, aunque tarde, recibirán el castigo de Dios vengador.

❧ El sabio todo lo lleva consigo
SAPIENS SUA BONA SECUM FERT

Este apotegma, si no me equivoco, fue dicho por Biante; preguntado por qué no recogía nada de su ciudad arrasada por el fuego, contestó:
> Yo llevo conmigo todos mis bienes

Dando a entender que lo que verdaderamente es nuestro está dentro de nosotros, como el saber y la virtud. Por el contrario no podemos huir de nuestros propios males aunque cambiemos de lugar.

❧ Cual la dueña, tales las criadas
QUALIS HERA, TALES PEDISSEQUAE

Hoy se dice habitualmente, retorciendo el símbolo de Atanasio:
> Cual el padre, tal el hijo.

Semejante es el sentido de aquel vetusto adagio de las *Cartas a Ático* en el libro quinto, epístola once, que dice:
> Si es verdad aquello: cual son las señoras, tales son las sirvientas.

Aunque también es semejante el verso senario:
> Cual la señora, tal las esclavas.

Platón en el libro IV de *La República* dice:
> ¿O no atrae siempre lo semejante a lo semejante?

❧ Salir por el postigo
POSTIGO DISCEDERE

Galeno, en el libro segundo de *Sobre las facultades naturales*, dice:
> Y si está compuesto por muchos cuerpos, hemos escapado por la puerta trasera, como dice el refrán, hacia Asclepio.

Lo cual hacen hoy muchos magnates. La misma idea se expresa de otra manera:
De nuevo, a escondidas, caigo en los preceptos de Aristipo.

Tomás Linacer, extraordinariamente erudito, entiende "postigo" por "puerta del huerto." La casa con un huerto al lado tiene dos puertas: "antica" (anterior) y "postica" (posterior). La puerta "antica" se abre a la vía pública, la "postica" conduce al huerto. Por ésta se escapaban los que deseaban hacerlo a escondidas.

Muchos se avergüenzan de retractarse y disimuladamente cambian de opinión; otros se apartan de sus obligaciones aprovechando la ocasión favorable. A éstos también les cuadra el proverbio.

❦ Lechos de Hércules
Herculani lecti

Lechos de Hércules llamábanse los lechos blandos y cómodos. Lo testifica Ateneo, libro XII. Porque es admirable que los cínicos reclamen para sí a Hércules como lo es hoy que los Carmelitas reclamen para sí al profeta Elías.

Pero quien habla en *Ateneo* estas cosas lo hace para convencer que Hércules llevó una vida muelle y voluptuosa; todo lo demás que cuentan los poetas sobre los trabajos que soportó es pura falsedad.

Así pretenden los hombres disculpar sus propias debilidades.

❦ Al estilo Miconos
Myconiorum more

Los miconios tenían fama de acudir a los banquetes sin haber sido invitados; de ahí el dicho:
Al estilo de Miconos.

Miconos es una de las Cícladas; el pueblo, por su pobreza, se veía obligado a colarse en las comidas, de aquí el jocoso proverbio. En *Ateneo*, Arquíloco fustiga a Perícies porque, no llamado, entraba en los banquetes: "Al estilo de los habitantes de Miconos."

Vestigios de estas costumbres de los miconios pueden verse incluso hoy en algunos irlandeses. Sobre esto el ilustre Guillermo de Mountjoy me contó una vez, no una graciosa fábula, sino un hecho real del cual fue testigo:

> Un irlandés desconocido, habiendo entrado en la sala de los príncipes a la hora de la comida sin haber sido invitado, se sentó a la mesa de los cortesanos. Cuando éstos vieron tal ave extraña, le preguntaron de dónde venía. Dijo cual era su patria; le preguntaron qué oficio tenía en la corte: "Ninguno —dijo— pero deseo tenerlo." Ellos, admirados de la desvergüenza de aquel hombre, le mandaron levantarse y marcharse. "Lo haré", dijo, "después de comer."

En pocas palabras el irlandés se impuso con su desfachatez y permaneció sentado a la mesa.

> Finalmente la ira convertida en risa, le preguntaron con qué cara se atrevió a presentarse en palacio siendo un extraño desconocido. "Porque —dijo— sabía que el rey es suficientemente rico como para darme de comer."

❦ Mejor es irritar al perro que a la vieja
Praestat canem irritare quam anum

La cita es de Menandro:
> Es más peligroso irritar a una vieja que a un perro.

Las sentencias de los hebreos afirman que no hay ira más atroz que la ira femenina; irritable y vengativo es el género femenino; en parte por la pobreza de su razonamiento, en parte por la poca altura de su alma. Pues la verdadera magnanimidad consiste en despreciar determinadas injurias y no considerar a algunos dignos de su ira. Ahora bien, la mujer es un animal temible cuando a los defectos de su sexo añade la vejez. Un perro irritado tan sólo ladra, o quizá alguna vez muerda, pero las viejas, aparte del veneno de su lengua, disponen de malas artes, pociones y encantamientos.

Y así es como algunos han sufrido sus grandes males, como dijo Menandro.

⸙ Nada se seca tan pronto como una lágrima
Lacryma nihil citius arescit

M. Tulio en *De inventione*, libro primero:
> ...al dar el precepto de que el orador, después que haya conmovido el ánimo del juez a misericordia, no se alargue mucho en el tema, trae a colación el dicho de Apolonio: "Nada se seca tan pronto como una lágrima", pues el más vehemente sentimiento se convierte fácilmente en tedio.

⸙ Más impenetrable que un aeropagita
Aeropagita taciturnior

"Más reservados que un Aeropagita" se decía de quienes guardaban al máximo el secreto confiado. Alcifrón en una carta dice:
> Ahora sé para mí más discreto que un Aeropagita.

Impenetrable no es simplemente el que calla, sino el que guarda un secreto sin manifestar nada. Se puede aplicar a las vasijas compactas que nada filtran. En el Aerópago de Atenas se escuchaban las causas capitales, incluso de noche, con gran atención. Y, verosímilmente, era impío manifestar a los demás lo que allí se había tratado. Hoy día, en Westfalia quedan vestigios de este género de juicios. El pueblo llano llama a los jueces "magistrados que saben." Los admitidos a este estamento judicial tienen como honor y conciencia guardar silencio. Es un modo de juzgar los crímenes que nadie conoce, excepto ellos.

⸙ Peregrinación en la vida humana
Vita hominis peregrinatio

Un peregrinar es la vida. Sócrates, en el *Axíoco* de Platón, cita esta sentencia como vulgarmente aceptada. Verdad es que este diálogo es tenido por apócrifo; parece ser más bien de un autor cristiano que quisiera imitar a Platón.

Esta sentencia, frecuente en las Sagradas Escrituras, advierte que esta vida es destierro, tránsito y peregrinación. Por cierto, dice también el Sócrates platónico que las almas de los hombres descendieron del cielo y pueden preparar su vuelta allá, dedicándose al estudio de la filosofía.

❧ Oído Bátavo
Auris Batava

Al igual que los griegos dicen "oído beocio" por obtuso e insensible, así Marcial en el libro sexto de los "Epigramas" llama "oído bátavo" al gusto rústico, tosco y sombrío:

"Tú ¿eres tú el famoso Marcial cuyas bromas y chistes conoce cualquiera que no tenga oído bátavo?."

Así al menos lo lee Domicio Calderino, aunque algunos hayan introducido "austero" en lugar de "bátavo." Los bátavos eran un pueblo germano perteneciente a los Catos, que impulsados por sedición interna ocuparon los confines de la costa de Galia libre de habitantes y también una isla situada en los vados bañada por delante por el mar Océano y por detrás y por los lados por el río Rin.

Pueblo muy apto para la guerra puesto que estaba muy ejercitado en las luchas germánicas, tan vasto de recursos que la milicia romana estuvo siempre abastecida mientras el imperio romano lo tuvo como aliado para suministrar hombres y armas, como ampliamente lo cuenta Cornelio Tácito en el libro XX.

Hay acuerdo entre la mayoría de los eruditos, y sin opiniones opuestas, en que la isla mencionada por Tácito es la que ahora llaman Holanda, tierra que siempre he de elogiar y venerar porque a ella debo el principio de mi vida y ojalá pueda yo servirle de honra a mi vez sin que ella tenga que avergonzarse de mí.

Marcial acusa falsamente a todo este pueblo de rusticidad; Lucano lo hace de ferocidad.

Yo no hago caso o más bien creo que ambas cualidades deben convertirse en alabanzas.

Pues, ¿qué pueblo no fue alguna vez más rudo? ¿Cuándo fue más digno de alabanza el pueblo romano que cuando, aparte de la agricultura y la vida militar, no conocía ninguna otra ocupación?

Porque si en otro tiempo determinadas cosas se dijeron contra los bátavos, ¿sostendrá alguien que en nuestro tiempo se pueden seguir diciendo? ¿Qué mayor alabanza se podría conceder a mi Holanda que de ellos diga Marcial que aborrecen los juegos que él mismo llama "frívolos"?

Ojalá todos los cristianos tuviesen oídos bátavos con los que ni escucharían los perniciosos chistes de ese poeta ni disfrutarían con ellos. Y si a ello alguien quisiera llamarlo rusticidad, yo muy a gusto aceptaría el insulto, común a los íntegros espartanos, a los antiguos sabinos y al alabado Catón.

Lucano, creo, llama feroces a los bátavos, como Virgilio llama rudos a los romanos.

Desde otro punto de vista, si atendemos a las costumbres familiares, no hay otra gente más propensa a la afabilidad y bondad y en quien menos encontrarás rudeza o brutalidad. Su carácter es sencillo y ajeno a toda traición y falsedad, libre de todo vicio de importancia, tan solo un tanto entregado a los placeres, especialmente de la buena mesa.

De esto la causa es, creo, la maravillosa abundancia de todas las cosas con las que se suele provocar el deseo de placer. Esta situación se debe, por una parte, a la facilidad de las importaciones, porque no sólo ocupa la desembocadura de dos importantísimos ríos, el Mosa y el Rin, sino también porque buena parte de su territorio está bañada por el océano, y por la feracidad de su propio territorio situado en la ribera de ríos navegables por doquier y de rica pesca y abundante en feraces pastos.

Junto a los ríos, los pantanos y los bosques proporcionan infinita abundancia de aves.

Por consiguiente, es fama que no se puede encontrar otra región que en un espacio igual contenga tal cantidad de ciudades, de mediana magnitud ciertamente pero de increíble nivel de vida.

En cuanto al esplendor del ajuar doméstico los comerciantes, que han recorrido la mayor parte del orbe, conceden la palma ante todo a Holanda.

En ninguna parte, por término medio, hay mayor número de gente erudita.

De que muchos de ellos no alcancen esta exquisita erudición la causa es doble: o el excesivo lujo en el modo de vida o porque entre ellos se da mayor valor a la egregia integridad de las costumbres que a la egregia sabiduría.

Consta por muchas razones que no les ha sido negado el ingenio, aunque a mí me haya correspondido mediocre por no decir escaso, como casi todo lo demás.

❧ Exigir tributo a un muerto
A mortuo tributum exigere

"De un muerto exigir tributo" se decía de aquellos que por fas por nefas amontonan riquezas sacándolas de cualquier parte. Cita Aristóteles en el libro segundo de la *Retórica*.

"Hasta de un difunto saca dinero", dando a entender lo que suele decirse contra aquellos que, sin vergüenza, andan a la caza de ganancias de todos y de todo, ya por cosas pequeñas y sórdidas (como Vespasiano con el impuesto sobre la orina), ya vergonzosas como el lenocinio o la prostitución; o cuando se saca ganancia de cualquiera: de los amigos, de los necesitados, de los mendigos y hasta de los muertos.

Fue vergonzoso para los emperadores romanos el que, abriendo las tumbas de los Corintios, robaran los bronces corintios; es la misma palabra la que reprueba tan vergonzosa acción: a tales robos se les llamó νεκροκορίνθια (tumbas corintias).

Los griegos llaman φόρος a la ganancia o impuesto que se saca de cualquiera cosa, incluso del dinero. A los que atrapan presas de este modo, llámanlos φορολόγους, una clase de personas odiadas por todos y detestadas con todo derecho. φόρος viene del verbo φέρειν, o sea llevar, por ello los latinos también dicen *foenus*, voz que los antiguos no usaban sino para referirse a la cosecha abundante de la tierra que agradecida deudora por cada grano devuelve cien en algunas ocasiones. Ya que en verdad, como escribió Aristóteles en la *Política*, es antinatural que el dinero genere dinero.

Y sin embargo, hoy es una práctica tan aceptada entre los cristianos que abandonaba la agricultura —el trabajo humano más honrado y más necesario para la república— los usureros son considerados casi como las columnas de la Iglesia, siendo así que ya desde la antigüedad fue condenada la usura y las leyes de los paganos la reprimen y castigan; las leyes judías la prohíben totalmente; los decretos de los Santos Pontífices la execran y por todos los medios la persiguen encarnizadamente.

No es que yo tenga una especial animadversión a los usureros, cuya actividad considero podría ser perfectamente defendible, si no fuera porque la autoridad de los Padres ya la han condenado desde hace mucho tiempo. Pero si atendemos especialmente a las costumbres de nuestros tiempos más pronto demostraría cuán sórdida clase de negocios es la de los usureros, que con mañas, mentiras, embustes, falacias, buscan hasta las más pequeñas ganancias, comprando aquí para vender allá a más del doble o con privilegios despojando al pueblo pobre hasta de su última moneda; y sin embargo casi únicamente consideramos honrados a éstos que no hacen otra cosa en la vida.

Opino que este proverbio es el mismo o muy cercano a otro que en alguna parte citábamos:
Exige harina de las mismas estatuas.
Por juego cambió la palabra "tributo" por "harina" para dar a entender que todo gira entorno a la comida; se procuraba levantar estatuas para memoria de los difuntos, por tanto quien saca un tributo de las estatuas es como si realmente lo arrancase de los muertos.

Entre los antepasados fue grande el culto a la sepultura y los sepulcros estaban exentos de impuestos.

Ahora el afán de poseer ha llegado hasta tal punto que nada hay en el mundo, ni sagrado ni profano, de donde no se intente sacar alguna ganancia y ello no solo por parte de los príncipes sino también por parte de los sacerdotes.

En otro tiempo, todavía bajo el poder de los tiranos, pero siendo rudos todavía para entender qué pertenecía a los tiranos, al menos todas estas cosas eran de todos: los mares, los ríos, los caminos, los animales.

Ahora ciertos nobles, como si solo ellos fuesen hombres o, mejor, dioses todo se lo apropian.

Se obliga al pobre marinero a que peligrosamente desvíe su rumbo y al arbitrio de un insolentísimo saqueador haga o deje de hacer esto o aquello, o sea, no es suficiente, por lo visto, que el infeliz se enfrente con las olas y los vientos sino que también se le añadan tempestades.

Se acerca a puerto, algo se le arrebata, tiene que atravesar un puente, hay que pagar; hay que pasar un río, cae sobre ti el derecho de los príncipes; llevas una carga ligera, hay que volver a pagarla otra vez a aquellos sacrílegos.

Y lo que es más cruel que todo esto: se sustrae al pueblo pobre hasta su propio sustento y una y otra vez se garrapiñan los alimentos de los pobres con los diezmos y primicias.

No está permitido de tus propios campos sacar el trigo sino diezmado. Ni de las eras ni de los molinos sino recortado de nuevo.

Los vinos no se importan sino diezmados muchas veces. No guardas en la bodega sin antes retirar para esas criminales arpías la mitad o por lo menos la cuarta parte del valor total.

En algunas regiones, más de la mitad de la llamada cerveza va a parar a manos del príncipe.

No sacrificas el ganado sin contar con los recaudadores; no revendes el caballo comprado con tu dinero, si no pagas algo.

Durante mi estancia en el campo de Bolonia, en tiempos en que Julio[1] tenía ya la ciudad bajo su jurisdicción, vi labriegos en extrema

---

1 Julio II (Papa 1503-1513), hombre de guerra, preocupado casi exclusivamente por los asuntos temporales. Mecenas fastuoso (Bramante, Miguel Ángel, Rafael y otros)

pobreza, para quienes toda su fortuna eran dos bueyes con cuya ayuda no llegaban a mantener a toda la familia, pagar por cada uno de ellos un ducado. En otros lugares no es posible concertar legítima de los hijos sino pagando un tributo. Pero, ¿para qué voy a intentar enumerar estas cosas una por una? La capacidad de todos ellos es superior a toda elocuencia. No hay nada de donde no expriman algo de ganancia. No tienen medida alguna ni límite; cada día elucubran nuevos procedimientos para su beneficio y lo que una vez se introdujo circunstancialmente por la fuerza, esto lo mantienen a dentalladas. Estas prácticas por sí demasiado odiosas, si se ejercen más odiosamente por funcionarios insolentes, redunda en grave animadversión contra los príncipes; pero éstos, por el contrario, no creen que haya nada indigno si se saca ganancia de ello, o sea, de acrecentar el hambre para los pobres y el lujo para los próceres y especialmente para los saqueadores.

No faltan quienes de los delitos de los criminales no mediocre negocio obtienen aprovechándose de las leyes como redes engañosas. Pues ¿qué magistratura hoy, qué cargo, qué autoridad que no se compre? Y por fin, como si todas estas múltiples cosas no pudiesen llenar esta tinaja sin fondo, o sea, las arcas de los príncipes, se pretexta una guerra, pelean entre sí los próceres y el desdichado pueblo es esquilmado hasta los tuétanos; así el principado no es otra cosa que un inmenso negocio.

Aunque es una vergüenza que los príncipes cristianos sean en estos asuntos más crueles que lo fueron algunos tiranos paganos, sin embargo, es esto menos execrable que lo que sucede entre los sacerdotes, para quienes debería ser despreciable todo dinero, y quienes todos sus bienes gratis recibidos igualmente gratis deben dar; todo en ellos es venal, nada hacen sin cobrar.

---

publicó una indulgencia para financiar sus construcciones. Erasmo sentía hacia él especial animadversión (ver *Diálogo* al finla del libro).

¡Cuánto teatro hacen por sus propios diezmos! ¡Cuán odiosamente saquean al pobre pueblo! No se administra el bautismo, es decir, no está permitido hacerse cristiano si no se paga: bajo estos preclaros auspicios se entra en la Iglesia.

No realizan matrimonio alguno, si no pagas; no escuchan los pecados de los penitentes si no esperan recibir recompensa; no celebran la misa sin paga; no cantan gratis los salmos; no rezan gratis, no imponen las manos gratis; no bendicen, apenas levantada la mano desde lejos, si no das algo; no consagran una piedra o un cáliz sino habiendo recibido la recompensa.

De manera que la misión entregada a los pontífices de enseñar al pueblo está viciada por el lucro.

Es más, no administran el Cuerpo de Cristo si no pagas. Por no decir en este momento cuánto fruto recogen de los procesos, de las dispensas (así las llaman), de las condonaciones que el pueblo llama indulgencias, de conceder prebendas, de ratificar obispados y abadías.

Pero, ¿qué hay entre ellos sin ganancia si se les compra hasta la sepultura incluso en suelo que no les pertenece?

Entre los paganos había sepultura común para el pueblo pobre; tenías gratis un lugar donde enterrar a los que quisieras.

Entre los cristianos no está permitido abrir la tierra ni para los muertos sin que un trocito de tierra alquiles a los sacerdotes y ciertamente por mayor precio se te concederá un lugar más amplio y fastuoso. Si pagas mucho se te permitirá pudrirte en el templo junto al altar mayor; si pagas poca cosa tus huesos en fosa común se calaran al aire libre.

Sería vergonzoso si aceptaran el dinero ofrecido, pero ahora lo llaman derecho suyo y admirable es con cuanta desvergüenza lo exigen.

El bárbaro y pagano Hebrón[1] ofrece a Abraham, desconocido extranjero, el regalo gratuito de una sepultura y apenas puede

---

1   Léase Efron.

lograr éste con muchos ruegos convencerle para que reciba la cantidad ofrecida.

¡Y nosotros los sacerdotes vendemos el derecho a la sepultura en lugar que no nos pertenece! O mejor dicho, ¡por dinero alquilamos el lugar público como privado!

Así, nadie cosecha la mies con tanta avidez como quienes nada cosechan para el pueblo sino que solo viven para sí mismos o a lo más para el príncipe.

Algunos vienen voceando aquella cantinela: "El obrero tiene derecho a su salario." Como si no hubiera diferencia entre un obispo, un soldado mercenario o un jornalero.

Los trabajos serviles se pagan con el jornal; el ministerio de los príncipes y sacerdotes, por el contrario, es tan elevado como para que pueda ser medido por la recompensa en dinero.

❦ El espíritu maligno
Genius malus

Opuesto al ya referido adagio *Homo homini deus* (El hombre es un dios para el hombre) parece encontrar éste, *Genius malus* (El espíritu maligno), que los griegos llaman Ἀλάστωρ (el malvado).

Con este término designamos a ciertas personas a quienes atribuimos la parte principal de nuestras desgracias y asi se dice todavía hoy en el lenguaje corriente[1].

Hay ciertamente, unas concretas personas de tan nefasta influencia sobre éste o aquel otro que con razón podría parecer que están en el mundo para su mala suerte y para causarles daño.

Por otra parte, el proverbio parece como extraído de la opinión de los antiguos que atribuyen a cada persona dos genio, a los que llaman δαίμονες; y no sólo los atribuyen a los hombres sino

---
1 En castellano: gafe, cenizo.

también a los lugares y edificios¹. De los dos genios, uno trama nuestra ruina y el otro desea ayudarnos.

De este parecer es Empódocles, según refiere Plutarco en su escrito *Sobre la paz del alma*².

Con esto mismo tiene relación lo que de Bruto, en su vida recuerda Plutarco³.

Cuando era inminente el día aciago para Bruto precisamente en Asia, siendo ya muy entrada la noche, estando en vela, según costumbre, en la tienda —la lámpara ya mortecina— creyó ver una figura horrible y de dimensiones sobrehumanas. Él, impertérrito como era, le preguntó inmediatamente quién era, si hombre o dios. La figura le contestó con un murmullo: "Bruto, soy tu Genio malo. Me verás en Filipos"⁴.

La misma figura se le apareció cuando combatía en Filipos y éste fue, ciertamente, su último combate⁵.

El mismo Plutarco cuenta una historia parecida de Marco Antonio y Octavio Augusto, a saber:

> que en todas las circunstancias ambos se comportaban entre ellos amablemente y con extrema concordia; pero en los juegos que conllevaban cierta rivalidad solía ser superior Octavio que esto solía atormentar no poco a Antonio; que había en el séquito de Antonio un mago egipcio.

Éste, ya porque verdaderamente conocía su destino o para agradar a Cleopatra, le advirtió que se mantuviese alejado de César cuanto fuese posible, porque su Genio, en todo lo demás osado, temía al Genio de César y cuanto más cerca estaba tanto más débil y acobardado parecía⁶.

---

1   Idéntica función a la del Ángel de la Guarda de personas y lugares.
2   Plutarco, Sobre la paz del alma, 15.
3   Marco Junio Bruto, principal asesino de Julio César. Filipos, ciudad de Macedonia, fue en el 42 a.C. el escenario de las acciones de Marco Antonio y Octaviano en las que vencieron las tropas republicanas de Bruto y Casio; estos últimos perdieron la vida.
4   Plutarco, Bruto, 36, 6.
5   Plutarco, Bruto, 48, I.
6   Plutarco, Antonio, 33, 1 11.

Atestigua Platón[1] que Sócrates tuvo un Genio peculiar del cual escribieron Apuleyo y Plutarco[2]. En un Genio parece pensar Terencio cuando dice en *Formión*:

Mihi usu venit hoc scio, memini relinqui me, deo irato meo[3]
"Lo sé por experiencia, convencido estoy de que me he quedado por venganza de mi Genio."

Es más, opino que nuestros teólogos siguiendo a los antiguos asignan a cada uno desde el primer instante de su vida dos genios que llaman "ángeles": el bueno procura nuestro bien y el malo por todos los medio trama nuestra perdición.

Del buen Genio habla Nevio[4] en los *Estalagmonos*, según Donato:
A deo meo propicio meus homo est
"Por dios propicio, es el hombre"
Igualmente Persio:[5]
Diis iratis genioque sinistro[6]
"Por los dioses airados y por el Genio funesto."

Para finalizar diremos que en general toman forma de proverbio todas las expresiones de este estilo: *iratis diis, propiciis diis* (dioses airados, dioses propicios).

Por ejemplo Terencio:
Nescio, nisi deos iratos fuisse mihi satis scio, qui auscultaverim eis[7]
"No lo sé, sólo sé que los dioses fueron para mí airados en exceso, aunque yo los he obedecido"
Horacio en *Las sátiras*:
"*Immeritusque laborat*
Iratis natus paries diis atque poetis[8]"

---

1 Plutarco, *Apología*, p. 31 d.
2 Plutarco, sobre el demon de Sócrates, p. 575 ss.
3 Terencio, *Formión* 73 ss.
4 Nevio: nacido en Campania en torno al 270 a.C. Primer poeta nacional de la literatura romana. Su obra —poesía y drama— se conserva fragmentaria.
5 Persio: poeta satírico latino (34-92 d.C.). Hombre modesto y afable. Murió joven: su obra literaria son seis sátiras.
6 Persio IV, 27.
7 Terencio, *Andriana*, 663 ss.
8 Horacio, *Las sátiras*, II, 3, 7 ss.

«Inmerecidamente sufre golpes la pared, nacida para la ira de dioses y poetas»

Y una vez más:

> *Vertumnis,*[1] *quotquot sunt, natus iniquis*[2]
>
> "Nació influido por cuantos Vertumnos inicuos hay"

El mismo Horacio en las *Odas*:

> "Divis orte bonis, optime Romulae
> Custos gentis, abes iam nimium diu"[3].
>
> "Progenie de favorables dioses, espléndido protector de la descendencia de Rómulo, demasiado tiempo estas ya ausente."

Homero en *La Ilíada*, canto V, dice:

> θεός νύ τίς ἐστι κοτήεις[4]
>
> i.e. *Deus quispiam iratus est*
>
> "Seguro que es un dios rencoroso"

Y Virgilio en *La Eneida*:

> *Diis equidem auscipicibus reor et Iunone*[5] *secunda*[6]"
>
> "Creo que con la protección de los dioses y Juno favorable"

Al mismo tema pertenecen estas palabras:

> *Solus a diis diligere Antipho*[7]
>
> "Sólo Antifonte fue favorecido por los dioses."
>
> *Dii nos respiciunt*[8]
>
> "Los dioses nos bendicen"

O las de Virgilio:

> *modo Juppiter adsit*[9]
>
> "Si Júpiter nos asiste"

---

1 Divinidad etrusca adoptada por los romanos. Se le consideraba el dios de las mutaciones (Vertere) pero era la divinidad de los jardines y cosechas otoñales.
2 Horacio, *Las sátiras*, II, 7, 14.
3 Horacio, *Odas*, IV, 15, 1 ss.
  La Ilíada, V, 191.
5 Esposa de Júpiter, semejante a la Hera griega, relacionada con la vida de las mujeres y la santidad del matrimonio; llamada "Lucina", diosa de los alumbramientos.
6 Virgilio, *La Eneida*, IV, 45.
7 Terencio, *Formión*, 854.
8 Terencio, *Formión*, 817.
9 Virgilio, *La Eneida*, III, 116.

Si quem numina laeva sinunt[1]
"Si las divinidades desfavorables no lo impiden"
Dexter adsit Apollo[2]
"Mientras este presente el propicio Apolo"
Mil frases de este estilo se encuentran por doquier en los poetas. Pero sería más entretenido si descendiéramos a cosas de este estilo, como:
"Escribe poemas a las airadas musas, cuantas haya"
"Canto al airado Apolo"
"La misma causa llevó neciamente Suadela y airada por completo"
"Luchamos con Marte desfavorable"
"Hemos navegado teniendo a Neptuno propicio"
"Teniendo, creo, a Mercurio airado, he pactado con este viejo zorro."
"Perseguido por la cólera de Venus engendra hijos: entonces trae al mundo hijos deformes."
"Contra la voluntad de Minerva"[3]: cuando alguien poco felizmente ejercita su arte.

❧ La varita mágica
VIRGULA DIVINA

De aquel proverbio "El anillo de Giges"[4] no se aparta mucho éste, "La varita mágica": cuando deseamos algo y lo conseguimos sin

---
1 Virgilio, *Geórgicas*, IV, 6 ss.
2 Propercio, III, 7.
3 Horacio, *Arte poética*, 387.
   N.B. Hemos eliminado determinadas citas en texto original (griego o latino) por considerarlas muy extensas o claramente duplicadas y mantener las citas más cortas a modo también de sentencia memorable.
4 Adagios 1, 96. Giges, rey de Lidia (685-657 a.C). Según Heródoto, el rey Candaules insistió en que Giges, su oficial favorito, viera desnuda a su bella esposa. Descubierta la trama por la mujer, ésta exigió a Giges que se diera muerte o se matara al rey y se casara con ella: Giges dio muerte al rey, le sucedió y se casó con ella. Las leyendas griegas le atribuían grandes riquezas y la posesión de un anillo que lo hacía invisible.

ayuda humana, damos a entender que esto sucede con la ayuda divina; por eso, la antigüedad pensó que al igual que en llevar anillos también en llevar varitas había un fatal y cómo mágico poder.
M. Cicerón en el libro *Sobre los deberes*, dice:
Quod si nobis omnia quae ad victum cultumque
Pertinent, virgula, ut ajunt divina, suppeditarentur
"Si todas las cosas que pertenecen a las necesidades y comodidades de la vida se nos suministraran como una varita mágica, como se dice..."[1]
Se la nombra algunas veces incluso en Nonio Marcelo[2]:
Varro in virgula divina
"Varrón en la varita mágica"
Como dando a entender que éste fue el título de alguna de *Las Menipeas*,[3] de los cuales no raramente algunos se citan como proverbiales.

El dicho parece tener origen principalmente en aquella varita homérica que atribuye a Palas, tan celebre que Antístenes, fundador de la secta cínica, llegó a escribir un libro sobre ella, comparándola, según deduzco, con su propio báculo[4].

Homero recuerda esta vara en muchos pasajes.

Cuando Ulises de viejo decrépito de repente le convierte en joven y hermoso:
"Tal Atenea le habló, le tocó con su varita de oro"[5]
De nuevo cuando de joven lo transforma en anciano:

---

1 Cicerón, *Sobre los deberes*, 1, 158.
2 Nonio Marcelo, númida del siglo IV d.C. que escribió para su hijo *De compendiosa doctrina*, una enciclopedia en veinte libros.
3 Menipeas: composiciones de Varrón, Luciano y otros a imitación de Menipo, poeta y filósofo griego de la escuela cínica (ss. IV-III a.C.).
4 Diógenes Laercio, VI, 17.
5 *Odisea* XIII, 429.

"Ya Atenea, deteniéndose al lado de Ulises Laertiada, le había tocado con su varita divina: de nuevo le dio la apariencia de un anciano."[1]

Igualmente en el mismo libro, cuando le retorna a la juventud aumentando su vigor:

"Tal Atenea le habló, le tocó con su vara de oro... Él ganó en juventud y estatura"[2]

También a Hermes como mago le atribuye una varita prodigiosa que llaman "caduceo."

"Hermes... llevaban su vara en las manos, vara hermosa, dorada que aduerme a los hombres los ojos, si él lo quiere o lo saca del sueño."[3]

Casi idénticamente lo repiten *La Odisea*, libro V, y *La Ilíada*, libro XXIV:

"Anudóse al momento a los pies las hermosas sandalias, inmortales, doradas, que suelen llevarlo por encima de las aguas y tierras sin fin con los soplos del viento, tomó luego el bastón con que suele adormirles los ojos a los hombres si quiere o despierta a los que halla dormidos"[4].

Virgilio imitándole describe así el caduceo de Hermes en el libro IV de *La Eneida*:

"Toma entonces la vara: con ella evoca a las pálidas almas del Orco, a otras las Manda al triste Tártaro; da y quita sueños y abre los ojos en la hora de la muerte"[5]

Ni siquiera a Circe le faltó una varita para obrar sus prodigios: transformar a los compañeros de Ulises:

"Al punto les pegó con su vara y llévalos a las zahúrdas: ya tenían la cabeza y la voz y los pelos de cerdo"[6]

De nuevo más abajo:

---

1   *Odisea* XVI, 455.
2   *Odisea* XVI, 172.
3   *Odisea* XXIV, 2-4.
4   *Odisea* V, 44 ss.
5   Virgilio, *La Eneida*, IV, 242 ss.
6   *Odisea*, X, 238-239.

"Cuando Circe te mandó comer manejando su fuerte y larga vara."[1]

Y un poco más adelante, después de beber la copa de Circe, Ulises es el único que no se transforma en bestia:

"Me lo dio y lo apuré, pero ni golpeado con la vara, el filtro pudo hechizarme"[2]

Finalmente Circe cuando por congraciarse con Ulises restituyó a los compañeros a la prístina figura tuvo la ayuda de la vara[3].

También en las Escrituras de los Hebreos Moisés utiliza una vara para realizar los prodigios.

La convirtió en serpiente[4], la retornó a su primitiva forma[5], con ella convirtió es sangre el agua del río matando todos los peces[6], con ella levantó la plaga de los mosquitos[7], con ella separó las aguas del mar Rojo[8], golpeando la roca con ella hizo brotar una fuente[9].

Quizás a este mismo tema pertenezca el que a los reyes se les atribuya una vara que llamamos cetro.

Por eso, en Homero leemos alguna vez:

Σκηπτοῦχοι βασιλῆες

Sceptrigeri reges

"Reyes con cetro"

En este mismo sentido va el proverbio que en otro lugar he utilizado: "Yo llevo báculo de laurel"[10].

---

1 *Odisea*, X, 293.
2 *Odisea*, X, 318 ss.
3 *Odisea*, X, 389 ss.
4 Éxodo 4, 3.
5 Éxodo 4. 4.
6 Éxodo 7, 20-21.
7 Éxodo, 8, 13.
8 Éxodo 14, 21.
9 Éxodo 17, 6.
10 Adagios I 1, 79.

🙞 El canto del cisne
Cygnea cantio

"El canto del cisne" se enumera entre los proverbios griegos. Lo cita Eliano en su obra. "Sobre las características de los animales" en forma de proverbio. Se aplica a aquellos que en la última etapa de su vida discursean elegantemente o que en la extrema vejez escriben de maravilla, lo cual no raramente parece ocurrir a los escritores: que sus últimas palabras sean lo menos amargas, las más dulces, es decir, con el paso de la edad ha madurado la elocuencia.

Que los cisnes antes de morir emiten cantos maravillosos es admitido por los escritos de todos aunque nadie lo haya comprobado o dado por seguro.

Luciano afirma, por ello, que ni siquiera vio cisnes mientras navegaba por el Po[1].

Eliano añade que los cisnes no cantan sino cuando sopla el céfiro, que los latinos llaman *favonio*[2].

Marcial:

> *Dulcia defecta modulatur carmina lingua*
> *cantator cygnus funeris ipse sui*[3].
> "Desfallecida su lengua entona dulces cantos el cisne,
> cantor él mismo de su propia muerte."

Y no faltaban filósofos que intentaban explicar la causa de este hecho afirmando que este fenómeno se produce al intentar el cisne

---

1 Luciano habla de viajes —¿reales o fingidos?— por el Eridano, que se identifica corrientemente con el Ródano. Cuenta que en sus riberas ni los sauces lloran ámbar por la muerte de Faetón ni los cisnes emiten dulces cantos sino que graznan sin gracia peor que los cuervos y grajos. Luciano, *Acerca de los cisnes y los grajos,* 4.
2 Entre los vientos tenían personalidad bien definida el Bóreas, Céfiro y Noto: El Favonio o Céfiro, viento del oeste, se asocia a la primavera.
3 Marcial 13, 77.

con gran trabajo expulsar el aire a través de su cuello alargado y estrecho[1].

Para alabar la elocuencia senil de una persona, después de nombrar algunos escritores, dice San Jerónimo:

> *Hi omnes nescio quid cygneum vicina morte cecinerunt*[2].
> "Todos estos, no sé por qué, cercana la muerte, cantaron como cisnes."

El mismo San Jerónimo en el epitafio de Nepociano escribe:

> *Ubi est ille ἐργοδιώκτης noster et cygneo canore vox dulcior?*
> «¿Dónde esta aquél que animaba nuestro trabajo y aquella voz más dulce que el cisne que canta?.»

También yo escribía, en cierto epigrama que en otro tiempo compuse en honor del nunca bastante alabado Mecenas de todos los estudios, Guillermo de Canterbury:

> *Vates videbis exoriri candidos*
> *adeo canoros atque vocaleis, uti*
> *in alta fundant astra cygneum melos,*
> *quod ipsa et aetas posterorum exaudiat*
> "Cantores verás surgir llenos de candidez y de armoniosa voz, de manera que alzan su canto de cisne hasta las estrellas para que también la posteridad los escuche."

Recuerda también este adagio Ateneo[3] en *El banquete de los sabios* o *Deipnosofistas*, libro XIV, tomándolo de Crisipo, refiriendo que un hombre tan intensamente se deleitaba con los sarcasmos que, cuando el verdugo estaba a punto de infligirle el tormento, dijo que desearía morir después de haber entonado el canto del cisne, pensando, opino, decir algo gracioso; dicho lo cual no vacilaría en morir al instante[4].

---

1 Nótese la incongruencia de que con la misma estructura del cuello su canto sólo es dulce antes de morir.
2 San Jerónimo, *Cartas*, 52, 3, 5.
3 Ateneo de Naucratis (s. III d.C.) escribió la obra *Deipnosofistas* o *Versados en el arte del banquete*: En ella veintitrés sabios conversan durante varias cenas en Roma sobre cuestiones de comida y sobre otras muchas materias.
4 Ateneo, *El banquete de los sabios*, XIV, p. 616 b.

M. Tulio Cicerón al comenzar el libro tercero de Sobre el orador habla así de L. Craso:

"Como canto de cisne fue la divina voz y elocuencia de aquel hombre; como esperándola íbamos después de su muerte a la Curia en busca de sus huellas allí donde él por última vez la elocuencia había ejercido."[1]

❧ En otro mundo
IN ALIO MUNDO

Ὡς ἐν ἄλλῳ κόσμῳ i.e. "Como en otro mundo." Es una expresión proverbial que incluso ahora usa el pueblo refiriéndose a aquellas personas que se apartan, en gran medida de las costumbres de los demás; a aquellas personas que lo encuentran todo insólito; también a quienes están muy lejos de su patria.

Plutarco en *Charlas de sobremesa* dice:

"Los griegos[2] son completamente ajenos y extraños a nosotros, nacidos y como viviendo en otro mundo"[3].

De semejante manera se expresó Horacio en las *Odas*:

Quid terras alio calentes sole mutamus?[4]

"¿Para qué buscamos tierras calentadas con sol extraño?."

Y Macrobio[5] en el prefacio de *Las saturnales*:

Nisi sicubi nos sub alio ortos coelo latinae linguae vena non admittet[6]

"No sea que a mí, nacido allá, bajo otro cielo, no me acepte la musa de la lengua latina."

---

1 Cicerón, *Sobre el orador* 3, 2, 6.
2 Erasmo manejó un texto incorrecto. No son los griegos sino los animales marinos los que nos son totalmente extraños y alejados porque viven en un mundo distinto.
3 Plutarco, *Charlas de sobremesa* 4, 669 d.
4 Horacio, Odas II, 16, 18 ss.
5 Macrobio Ambrosio Teodosio. Escritor y filósofo romano, nacido en África. Escribió *Saturnalia*, diálogo en siete libros que representa una conversación entre romanos eminentes durante las fiestas saturnales.
6 Macrobio, *Las saturnales*, prefacio 11.

Siendo que el cielo es común a todos, necesariamente es metafórico decir "nacer bajo cielo extraño."

Al igual que al hablar de los Campos Elíseos se dice en Virgilio:
Solemque suum, sua sidera norunt[1]
"Conocen aquí su propio sol y sus estrellas"
Se dice *su* como distinto del nuestro.
Igualmente Claudiano:[2]
Sunt altera nobis
sydera sunt orbes alii, lumenque videbis
purius"[3]
"Para nosotros las estrellas son distintas y las órbitas celestes también lo son y verás tú luz más clara."
Recordemos nuevamente a Virgilio en Las bucólicas:
Et penitus toto divisos orbe Brittannos"[4]
"Y los británicos totalmente apartados de todo el orbe."

A la mayoría de los mortales suele suceder que, cuando por primera vez visitan una región algo apartada de su propio lugar, no dejan de estremecerse y quedar atónitos y admirados, como trasportados a otro mundo.

⸙ Dar coces contra el aguijón
Contra stimulum calces

Πρὸς κέντρα λακτίζειν i.e. "Dar coces contra el aguijón" significa luchar inútilmente contra aquellos a los que no podemos vencer o provocar a los que hacen más daño si son provocados o resistir sin resignación al destino y a la desgracia que no puedes evitar agravándolos mucho más. Como si alguien, casado con una mu-

---

1   Virgilio, *La Eneida*, VI, 641.
2   Claudiano, último gran poeta latino de la tradición clásica (s. IV d.C.), triunfó como poeta de corte bajo el reinado de Honorio emperador de Occidente.
3   Claudiano, *El rapto de Proserpina*, II, 282 ss.
4   ..Virgilio, *Las bucólicas*, I, 66.

jer pendenciera, se enfrentase a ella sin conseguir otra cosa que volverla más pendenciera.

Terencio en *Formión* dice:
> *Namque inscitia est adversus stimulum calces*[1]
> "Pues necedad es contra el aguijón dar coces"

Donato[2] hace notar que esta παροιμία (refrán) hay una elipsis, pues falta el verbo *jactare* (tirar); los griegos expresan la locución "tirar coces" con una sola palabra λακτίζειν.

Plauto en *Truculento*:
> *Si stimulos pugnis caedis, manibus plus dolet*[3]
> "Da puñetazos contra el aguijón y veras como te duelen las manos."

Encontramos este adagio en los Hechos de los Apóstoles:
> *Durum est tibi contra stimulos calcitrare*[4]
> "Te es duro dar coces contra el aguijón"

O sea, es duro hacer frente a Dios.

Eurípides en *Las bacantes*:
> Θύοιμ' ἄν αὐτῷ μᾶλλον ἢ θυμούμενος
> πρὸς κέντρα λακτίζοιμι θνητὸς ὢν θεῷ[5]
> i.e. *Potius sacra illi fecerim, quam calcibus*
> *stimulos ferire coner, iracundia citus in deum,*
> *mortales ipse cum sim*
> "Yo habría sacrificado ante él, en vez de cocear con furia contra el aguijón, siendo un mortal contra un dios"

Píndaro en *Las Píticas* dice:
> Ποτὶ κέντρον δέ τοι λακτιζέμεν τελέθει[6]
> i.e. *Contra stimulum autem calcitrare est*

---

1 Terencio, *Formión*, 77.
2 Elio Donato (s. IV d.C), profesor de San Jerónimo, escribió dos libros de gramática muy usados en la Edad Media.
3 Plauto, *Truculento*, 768.
4 Hechos de los Apóstoles 26, 14.
5 Eurípides, *Las bacantes*, 794 ss.
6 Píndaro, Las Píticas, II, 94 ss.

"(sufrir alegre el yugo aprovecha pero no) por el contrario, cocear él aguijón." La metáfora está tomada del trato dado a los bueyes a los que los campesinos azuzan desde atrás con agudos pinchos, por lo que se les llama βουκένται (boyeros) en el proverbio:

Πολλοὶ βουκένται, παῦροι δέ τε γῆς ἀροτῆρες

i.e. *Multi boum stimulatores, pauci autem terrae aratores.*

"Boyeros hay muchos, pero pocos son los que aran la tierra."

Plutarco en el comentario Περὶ τῆς ἀοργησίας (Sobre la represión de la ira) nombra a un cierto luchador de pancracio llamado Ctesifonte que por ira pateó a una mula que le había coceado[1].

₷ Ni en sueños

NE PER SOMNIUM QUIDEM

Οὐδ' ὄναρ i.e. *Ne in somnio quidem,* se decía entre los griegos como proverbio para referirse a algo que no sucede nunca bajo ninguna circunstancia. Por otra parte, casi nadie está privado de la felicidad, al menos durante el descanso cuando la tiene soñando cosas muy agradables.

Luciano en su escrito Περὶ τῶν ἐπὶ μισθῷ συνόντων, *Sobre los que están a sueldo* dice:

Οὐδ' ὄναρ λευκοῦ ποτε ἄρτου ἐμφορηθείς[2].

i.e. *Ne per somnium quidem umquam albo pane satiatus*

"Ni en sueños siquiera saciados de pan blanco"

Lo mismo repite en el "El Gallo" cuando dice que a los reyes ni en sueños les es lícito disfrutar bien alguno[3].

Una vez más en *Acerca del ámbar:*

Ἀϊδόντων δὲ ἡδὺ καὶ οἷον σὺ φῄς, οὐδ' ὄναρ ἀκηκόαμεν[4]

---

1 Plutarco, *Sobre la represión de la ira,* 457 A.
2 Luciano, *Sobre los que están a sueldo,* 17.
3 Luciano, *El Gallo,* 25.
4 Luciano, *Acerca del ámbar,* 5.

i.e. *porro suaviter canentes, et eo modo quo tu praedicas, ne per somnium quidem audivimus*
"Pero los cisnes que cantaban dulcemente como tú explicas ni en sueños los hemos oído."
A lo mismo aludió elegantemente Teócrito en *El boyero*,[1] donde Eúnica, una muchacha de elegante familia, rechazaba a un campesino que intentaba besarla, diciéndole que está tan lejos de concederle un beso que ni en sueños podrá esperarlo; el poema suena así:
"Rióse de mí Eúnica porque quise besarla con dulzura y dijo zahiriéndome: "¡Fuera de mi vista! ¿Eres vaquero y quieres besarme a mí, desgraciado? No he aprendido a besar a patanes, yo sólo sé apretar los labios urbanos. Ni en sueños besarás mi linda boca."[2]
Utiliza esta misma expresión M. Tulio en las *Cartas de Ático*:[3]
πολιτικὸς ἀνήρ, οὐδ' ὄναρ *quisquam inveniri potest*
"Un hombre verdaderamente político ni en sueños puede encontrarse."
Teócrito en *Megara*,[4] mujer de Hércules, dice:
Τὸ δ'οὐδ' ὄναρ ἤλυθεν ἄλλῳ[5]
i.e. *Quod alii ne per somnium quidem accidit*
"A nadie ni en sueños sucedió tamaña cosa."
Galeno en *Sobre las fuerzas de la naturaleza*, libro II, dice: "Lo cual no debió ser ignorado por Erasístrato[6] si, al menos en sueños, trató alguna vez con los Peripatéticos"[7].
Suelen los hombres, incluso los más desafortunados, soñar alguna vez en cosas espléndidas, como en Luciano[8] Micilo que,

1 Teócrito, Inéditos, 20, 2 ss. (*El boyerito*).
2 Inaudita presunción: mandar en los sueños del pobre boyero.
3 Cicerón, *Cartas a Ático*, 1, 18 6.
4 Erasmo la atribuye a Teócrito; otros a Mosco.
5 Teócrito, Megara 4, 18.
6 Erasístrato de Ceos (s. III a.C.), famoso médico, fue el primero en exponer un esquema fisiológico completo del cuerpo entendido como mecanismo.
7 Galeno, *Sobre las fuerzas naturales*, 2, 7.
8 Luciano, El Gallo, passim. El tema de este escrito es precisamente la pobreza de Micilo.

riquísimo en sueños, despierto era un pobre jornalero casi más pobre que Iro[1].

Pues soñar es una manera de hacerse ilusiones. Por ello, Virgilio en *Las bucólicas* a las esperanzas vanas de los amantes las llama "sueños":

An qui amant, ipsi sibi somnia fingunt?[2]

"¿Los que aman se forjan sueños ellos mismos?."

De ello habla Horacio en Las sátiras cuando dice:

Cum te servitio longo curaque levarit,
et certum vigilans, quartae sit partís Ulysses,
audieris, heres.[3]

"Cuando te haya liberado de tu larga servidumbre y preocupación, oirás, seguro de no soñar: 'Sea Ulises heredero de la cuarta parte.'"

Y así, "ni en sueños" equivale a como si dijéramos "ni te atrevas a tener esperanzas."

Plutarco en su escrito contra los estoicos refiere un adagio ligeramente diferente:

Ὧν οὐδ' ὀνείρατα λαβεῖν μᾶλλόν ἐστι παρὰ τὰς κοινὰς ἐννοίας

i.e. *Quorum ne somnia quidem magís capere liceo extra comunes cogitationes.*

"De los cuales ni los sueños superan a los vulgares pensamientos."

San Juan Crisóstomo en el tercer sermón "Contra los judíos" se expresa así:

οὐδ' ὡς ὄναρ[4].

"Ni como un sueño."

---

1   Iro, el mendigo de *La Odisea*, XVIII, 1-7.
2   Virgilio, *Las bucólicas*, VIII, 108.
3   Horacio, *Las sátiras*, II, 5, 99 ss.
4   San Juan Crisóstomo, *Contra los judíos*, sermón 3, 4.

❦ La túnica esta más cerca que el palio

TUNICA PALLIO PROPIOR EST

En *Los tres centavos* de Plauto leemos esta alegoría proverbial: *Tunica pallio propior est*[1]. "La túnica esta más cerca que el palio." Con lo cual se da a entender que entre los amigos encontramos más unidos a unos que a otros y no tenemos igual trato con todos. Entre los antiguos, la primera obligación eran los padres; después, los jóvenes confiados a nuestro cuidado; en tercer lugar, los clientes[2]; en cuarto, los huéspedes; en quinto lugar, los familiares consanguíneos o afines, como indica Gelio[3] en el libro quinto, capítulo XIII[4].

Por otro lado, determinados asuntos nos atañen más de cerca a nosotros que a los demás.

El palio es la pieza del vestido más exterior entre los griegos, como entre los romanos es la toga.

La túnica se cubría con la toga de manera que en Homero frecuentemente al mismo tiempo se nombran χλαῖναι καὶ χιτῶνες (mantos y túnicas)[5]

❦ Fuera del alcance de los dardos

EXTRA TELORUM JACTUM

Ἔξω βελῶν, "Fuera del alcance de los dardos" significa estar en lugar seguro y fuera de peligro.

---

1   Plauto, *Los tres centavos*, 1154.
2   Hombres libres que se entregaban a un patrono todopoderoso al que prestaban servicios y del que recibían protección. Los libertos pasaban automáticamente a ser clientes de su antiguo propietario.
3   Aulo Gelio (s. II d.C.), autor latino de *Noctes Atticae*, en veinte libros sobre temas muy variados: filosofía, historia, derecho, gramática, literatura, etc.
4   Gelio, *Noches áticas*, V, 13, 2.
5   *La Ilíada*, II, 262: *La Odisea*, V, 229; X, 542; XV, 368.

Se toma esta expresión de las guerras en los que los que no desean ser heridos por las flechas de retiran tan lejos que no pueden ser alcanzados o se esconden en lugar bien defendido.

Por ello, es frecuente entre los historiadores decir:
Iam ad teli jactum pervenerant[1]
"Llegaron entonces al alcance de los proyectiles."
Q. Curcio[2] en el libro III narra:
Iam in conspectum, sed extra teli jactum utraque acies erat[3].
"En ese momento los ejércitos estaban frente a frente pero fuera del alcance de los dardos."
Y de nuevo:
Nondum ad jactum teli pervenerant[4].
"No había llegado todavía a lugar alcanzado por los proyectiles."
Para esta situación los griegos usan la expresión *Entós beloon* (a tiro de flecha), pero ἔξω βελῶν (fuera del alcance de las flechas) no sólo se dice de quienes están tan lejos que no pueden ser golpeados, sino también de quienes en cualquier situación están completamente seguros.

Séneca en el libro VII de *Los beneficios*, indica la idea con una expresión semejante "fuera de tiro."

"Injuriam deo sacrilegus quidem non potest facere,
Quem extra ictum sua divinitas posuit.[5]
"No puede injuriar a dios cualquier sacrilego a quien la divinidad puso fuera de tiro."
Luciano en *Los deseos*:
Ἐπισκοπεῖν ἔξω βέλους ὑπεραιωρούμενον[6].
"Observar a los contendientes suspendido por los aires fuera del radio de acción de sus flechas."

---

1 Q. Curcio, III, 11, 1.
2 Quinto Curcio Rufo (s. I d.C.) escribió una historia sobre Alejandro Magno: la narración es romántica y dramática con detalles reales pero con poco estilo crítico.
3 Q. Curcio III, 10, 1.
4 Q. Curcio IV, 13, 36.
5 Séneca, *Sobre los beneficios*, 7, 7, 3.
6 Luciano, *Los deseos*, 44.

(Alguien que desea tener alas para desde lo alto contemplar la batalla estando el defendido de los dardos).
Él mismo comenta:
Καὶ ἔξω ἦν βέλους¹.
i.e. *Jamque extra teli conjectum erat*
"Estaba fuera de radio de tiro", aplicándolo a Polifemo y Ulises que ya había huido tan lejos que el Cíclope no lo podía alcanzar con sus piedras.
La Odisea al final del canto IX:
Y de nuevo Luciano:
"¿Por qué no hieres a las Musas y están ellas fuera del alcance de tus dardos?"²
Alude a lo mismo en *La filosofía de Nigrino*:
"Y como Zeus a Héctor, apartándome a mí mismo de los dardos, textualmente: de la matanza de la sangre y del tumulto (*La Ilíada*, XI, 163) decidí en el futuro encerrarme en mi casa eligiendo esta forma de vida"³.
En Homero, *La Ilíada*, XIV, encontramos este verso:
"Al abrigo de los proyectiles para no añadir herida sobre herida"⁴.
Por el contrario, si queremos dar a entender que alguien esta expuesto a un peligro, podremos decir que "esta en la zona de tiro."
Luciano, en *Baco*, dice:
"Sin aguardar siquiera el comienzo de los disparos"⁵
Virgilio, en *La Eneida*, libro XI, escribe:
*Jamque intra jactum teli progressus uterque.*⁶
"Y ya luego que estuvieron a tiro de flecha, unos y otros se habían detenido."

---

1   Luciano, *Diálogos marinos*, 2, 1.
2   Luciano, *Diálogo de los dioses*, 19, 2. Es pregunta de Afrodita a Eros.
3   Luciano, Filosofía de Nigrino, 18.
4   *La Iliada*, XIV, 130.
5   Luciano, Dionisio, 4.
6   Virgilio, *La Eneida*, XI, 609.

↭ El mal necesario
Necessarium malum

Muy parecido al adagio anterior[1] es éste, ἀναγκαῖον κακόν, o sea, "el mal necesario." Se dice de aquellos a los que ni puedes rechazar porque su ayuda es necesaria en algún momento ni puedes soportar bien porque son personas detestables. La frase proviene de un apotegma de un tal Hibreas, al cual nombra Estrabón en el libro XIV:

"Ejercía Eutidemos[2] una cierta tiranía, útil a la ciudad en muchos aspectos y resultando que los beneficios eran tantos como los inconvenientes, el orador Hibreas en un discurso habló así de él 'perverso eres, dijo, pero necesario a la ciudad; pues no podemos vivir contigo ni sin ti'"[3].

Igualmente el emperador Alejandro Severo[4] a los encargados de las finanzas a quienes había determinado suprimir, después de comprobar que no era posible hacerlo sin grave perjuicio para la república, los llamaba "un mal necesario" (*necessarium malum*).

También lo fue P. Cornelio Rufino, estafador y dechado de codicia pero, no obstante, egregio general; pero Fabricio Luscino decía que prefería ser explotado por él que vendido como esclavo, como lo refiere Gelio en el libro IV[5] y Cicerón en *Sobre el orador*, libro II[6].

Esto se puede aplicar también a las esposas con las que se vive fastidiosamente pero sin las cuales el bien común no podría mantenerse.

---

1 Adagio I, 5, 25 *Auribus lupus teneo* (coger al lobo por las orejas).
2 Eutidemo, rey de Bactriana (230-187 a.c.) sostuvo dura lucha con Antioco quien buscando alianzas casó una hija con Demetrio, hijo de Eutidemo.
3 Estrabón XIV, 2, 24.
4 Alejandro Severo (222-235 d.C.) sucedió a Heliogabalo. Toleró el cristianismo. Fue muerto durante una revuelta dirigida por el tracio Maximino.
5 Aulo Gelio, *Noches áticas* IV, 8.
6 Cicerón, *Sobre el orador*, II, 268.

Puede incluso aplicarse a otras cosa; como si alguien dijese que un fármaco es desagradable pero, sin embargo, necesario.

Eurípides en *Orestes*:

Ἀνιαρὸν ὂν τὸ κτῆμ', ἀναγκαῖον δ' ὅμως

Molesta cum sit res, necesaria tamen

"Y aunque es cosa lamentable, resulta, sin embargo, necesaria[1]"

Ni dista mucho de esta idea lo que, según Plinio, libro XVIII, cap. 6, fue manifestado por el oráculo:

"¿De qué modo —preguntó—[2] se pueden cultivar los campos con mayor provecho. Sin duda, como dice el oráculo, con cosas malas para las buenas."[3]

Con este enigma se dio a entender que los campos deben ser cultivados con poco gasto.

⚜ Más mudo que los peces
MAGIS MUTUS QUAM PISCES

Ἀφωνότερος τῶν ἰχθύων; más mudo que los peces es metáfora proverbial aplicada a los que les cuesta mucho hablar y son poco expresivos.

Aplícase también al hombre parco en palabras. Horacio en las *Odas* escribe:

O mutis quoque piscibus donatura cygni, si libeat, sonum

"Y darías incluso a los mudos peces el canto del cisne, si quisieras"[4].

Los peces no producen voz alguna si exceptuamos muy pocos, entre ellos el perro marino[5].

---

1 Eurípides, *Orestes* 230.
2 Un devoto formula una pregunta a un dios esperando una respuesta favorable.
3 Plinio, *Historia natural* XVIII, 6, 39.
4 Horacio, *Odas*, IV, 3, 19.
5 O sea, la foca; *canis marinus* —así en el texto de Erasmo— propiamente es el tiburón.

Luciano en su escrito "Contra un ignorante que compraba muchos libros" dice:
Μᾶλλον δὲ τῶν ἰχθύων ἀφωνότερος εἶ[1]
"Eres más mudo que los peces."
Y de nuevo en *El Gallo*:
Πολὺ ἀφωνότερος ἔσομαι τῶν ἰχθύων[2]
"Estaré más callado que los peces."
Por ello, Plutarco en las *Charlas de sobremesa* opina que los pitagóricos no comían pescado porque consideraban a los peces afines a su disciplina por su ἐχεμυθία —su silencio— que entre los animales es exclusivo de los peces; porque los otros animales cada uno tiene su sonido.

Muchas aves son canoras y hasta alguna imita la voz humana, como lo hace entre los animales terrestres el alcaudón[3] en Egipto, si nos fiamos de Plinio[4].

Sólo los peces no tienen voz. Aristóteles da la explicación: los peces no disponen de traquea sino de laringe. Si bien hay algunos peces que producen un cierto sonido y ruido estridente, entre os cuales el delfín, la lira, el cangrejo, la voca[5] (así llamada porque emite voz, consagrada a Mercurio según transmitió Ateneo en el libro VII)[6], el molusco peine; sin embargo, opina Aristóteles que este sonido no se produce con la ayuda de los órganos naturales de la voz sino con el roce de las branquias y de órganos internos que se hallan junto al vientre[7].

Plutarco opina que los griegos llaman ἰχθῦν al pez porque reprime su voz.

Luciano en el Alción dice:

---

1 Luciano, "Contra un ignorante que compraba muchos libros", 16.
2 Luciano, *El Gallo*, 1.
3 "Mantícora" —así en el texto de Erasmo— es un animal fantástico de la India.
4 Plinio, *Historia natural*, VIII; 107.
5 O sea, la foca; antiguamente también se escribía "boca".
6 Ateneo, *Deipnosofistas*, 7p, 287 a.
7 Aristóteles, *Historia de los animales*, 4p 535b 14.

Ἄφωνα γὰρ δὴ τά γε καθ' ὕδατος διαιτώμενα[1]
"Porque los peces que pasan su vida bajo el agua no tienen voz.» Ateneo cita en el libro octavo de los *Deipnosofistas* a Mnasea de Prata como testigo para afirmar que en el Clitor, un río de Arcadia, hay peces dotados de voz; además cita a Fílostéfanos como testigo de que en el río Aornos, que fluye por la ciudad de Feneo, los peces llamados «poeciles» tienen voz como de tordo; Aristóteles, sin embargo, precisa que ningún pez tiene voz excepto el pez-papagayo y el cerdo fluvial[2].

Los antiguos a cualquier pez lo llamaban ἔλλοπα porque no pueden emitir sonido alguno; ἴλλεσθαι es lo mismo que "privar" y ὄψ lo mismo que "voz." Por ello, Teócrito usa ἐλλοπιεύειν como "pescar"[3].

Añade Ateneo que los pitagóricos no se abstenían por completo de alimentarse de los animales sino que comían alguno de ellos e incluso con otros hacían sacrificios; únicamente no gustaban de los peces como si fuesen sagrados por su ἐχεμυθία —silencio— que Pitágoras había enseñado[4].

☙ La mona vestida de púrpura
Simia in purpura

Πίθηκος ἐν πορφύρᾳ. "La mona vestida de púrpura"[5]: este proverbio puede aplicarse a diversas situaciones, por ejemplo, a aquellos que aunque vestidos con magníficos adornos, sin embargo, de cualquier modo que se presenten, por su rostro y sus gestos se les reconoce como son de verdad; a aquellos que se adornan con los símbolos de una dignidad que les viene desproporcionada; o, en fin, cuantas

---

1 Luciano, El Alción, 1.
2 Aristóteles Fragmentos 272 R.
3 Teócrito I, 42 (tirsis).
4 *Ateneo* 7p, 308 a.
5 Nuestro refrán: "Aunque la mona se vista de seda, mona se queda."

veces a una cosa de por si fea se le añaden inconvenientes adornos rebuscados y peregrinos.

¿Qué hay más ridículo que una mona vestida de púrpura? Esto, sin embargo, no raramente lo vemos entre los que tienen monas para divertirse; cuánto las adornan y visten, alguna vez hasta de púrpura, con lo cual engañan a los poco atentos o despistados, que saludan a la mona como si fuese persona y si se descubre el disfraz la situación es todavía más ridícula.

Cuántos simios de esta guisa se pueden ver en los salones de los príncipes; si les quitas el vestido lujoso, los collares y las piedras preciosas descubrirás meros ganapanes.

Más gracioso será si vamos más lejos y lo aplicamos a aquellos que con la barba y el hábito fingen santidad. A los tales San Agustín, en alguna parte, elegantemente los llama "filósofos por el hábito"[1] (*amiculo philosophos*).

Y Amiano Marcelino[2] en el libro XIV de un tal Antígono dice que es "filósofo sólo por el hábito"[3] (*amictu tenus philosophus*).

Ya hemos hablado anteriormente sobre los sabios sólo por la barba[4].

❧ El oficio alimenta en todas partes
Artem quaevis alit terra

Τὸ τέχνιον πᾶσα γαῖα τρέφει, "Toda región da de comer a la destreza", es una sentencia proverbial por la que se da a entender qué cierto es que la erudición y una cierta destreza son siempre ayuda

---

1 San Agustín, *Cartas* 1, 1.
2 Amiano Marcelino, último gran historiador romano que escribió en latín aunque de origen griego (Antiognia 330-395 d.C.) su historia (*Rerum gestarum,* libri XXI) es continuación de las *Historias* de Tácito; comprendida desde Nerva hasta Valente (96-373 d.C.).
3 Amiano, *Rerum gestarum…* XIV, 9, 5.
4 Adagios I 2, 95. También trata Erasmo este tema en Adagios I 7, 6 (*Multi thyrsigeri, pauci Bacchi,* "Muchos llevan tirsos, pocos son Baco.")

segura. Pues estas cosas no pueden ser robadas por los ladrones y donde vayas van contigo sin añadirte peso alguno.

Suetonio escribe que se había vaticinado por los astrólogos a Nerón que algún día sería destituido del imperio; de tal circunstancia proviene aquella frase famosísima de Nerón: Τὸ τέχνιον πᾶσα γαῖα τρέφει (la destreza mantiene en todas partes), con lo cual quería decir que con más beneplácito podría dedicarse al arte de la cítara que le era agradable como príncipe y le será necesario cuándo fuera ciudadano privado[1].

Por ello, cuando supo que se acercaba su fin, repetía siempre lo mismo: *Qualis artifex pereo* (¡Qué gran artista conmigo perece!)[2].

Como si fuese indigno que quien tan gran músico había sido que podría vivir en cualquier parte donde hubiese gente, ahora estuviese obligado a morir de hambre.

No estoy de acuerdo con la opinión de los comentaristas de esta cita que la interpretan de otra manera. Nerón por ningún otro insulto se sentía más ofendido que porque alguien le tachara de mal citaredo.[3]

Lo mismo le sucedió a Dionisio el tirano de Siracusa, que derrocado de su tiranía, abrió en Corintio una escuela y enseñaba a los niños la lectura y la música[4].

Parece ser que esta frase era un verso senario citado por Suetonio, pero deformado por el cambio de unas cuantas sílabas, que quizá podría formularse correctamente así:

Τὸ τέχνιόν γε πᾶσα γαῖα ἐκτρέφει

"Toda región alimenta el arte"

Entre las sentencias griegas encontramos un senario que no difiere mucho de este proverbio:

Λιμὴν ἀτυχίας ἐστὶν ἀνθρώποις τέχνη

---

1 Suetonio, Nerón 40, 2.
2 Suetonio, Nerón 49, 1.
3 Suetonio, Nerón 41, 1.
4 Luciano, *El gallo*, 24.

"Para los mortales la destreza es el puerto de su pobreza"[1]
Es decir, en la pobreza el único remedio es una profesión. Por ello, los sabios incluso si tienen a su disposición abundante fortuna familiar, obligan a sus hijos a aprender algún oficio con el que si sucediese que el destino quite las riquezas o se vean obligados a ir al destierro, les quede algo con que procurarse el sustento.

Pero ahora, muchos que no tienen nada en la propia casa se hacen viejos en la casa de los ricos; si de ella son expulsados, o tienen que mendigar o, contradicen la enseñanza de Platón: "No tomes lo que no hayas dejado tú"[2].

El autor de la *Cornucopia latina*[3] cita un proverbio muy parecido a éste, utilizado, creo por el pueblo:

Sua cuique ars pro viatico est[4]
"A cada uno su oficio le sirve de ayuda."

Sin duda una honorable ayuda, mientras su oficio sea honrado.

No obstante, deambula por doquier en estos tiempos gente que no tiene oficio alguno sino que trafican para su beneficio con las, así llamadas, indulgencias y dispensas, compradas y revendidas.

℘ Beber en la misma copa
Eodem bibere poculo

"Beber en la misma copa" significa estar afligidos con las mismas fatigas y estar expuesto a los mismos daños.

Plauto en *Casina* dice:

Ut senex eodem hoc poculo, quo bibi, biberet
"Para que se trague el viejo la misma copa que me he tragado yo"[5]

Su origen está o bien en los certámenes de beber o bien en aquellos que temen ser envenenados.

---

1 Menandro, 309.
2 Platón, *Leyes* 11p, 913 cd.
3 Incola Perotti, *Cornu copiae*. Publicado en Venecia en 1489.
4 La palabra griega "téjne" y la latina *ars* no sólo significan "arte" sino también "oficio, destreza, trabajo manual…"
5 Plauto, Casina 933.

Este mismo refrán es hoy un dicho trillado entre nuestra gente, pues si alguien amenaza con pagar con la misma moneda, dice que daría a beber la misma copa.

Reprocha Marcial a alguien que ofrecía a sus comensales vino aguado[1] y agrio mientras él bebía el vino más exquisito[2]. Costumbre que incluso hoy tienen muchos ricos; de aquí parece ser que se origina este proverbio.

En las Sagradas Escrituras algunas veces se menciona la Copa de Babilonia, para dar a entender que se trata de una calamidad común[3].

Finalmente, nuestro Señor en el Evangelio pregunta a los hijos de Zebedeo si podrían ellos beber del mismo cáliz que él estaba dispuesto a beber, añadiendo otra expresión proverbial relativa al bautismo[4].

No hay duda alguna de que ambas expresiones se han introducido en el lenguaje vulgar.

Poco diferente es lo que dice Aristófanes en Los caballeros:[5]

Οὔ ποτ' ἐκ ταὐτοῦ μεθ' ἡμῶν πίεται ποτηρίου

"Jamás beberá con nosotros de la misma copa"

Es un rechazo de la felación.[6]

ᛐ Dos veces da, quien pronto da
Bis dat, qui cito dat

Recuerdo, si no me equivoco, haber leído en algún lugar de Séneca:
Bis dat, qui cito dat

---

1 Marcial da importancia a la calidad del vino, no a que esté aguado puesto que casi siempre se bebía mezclado con agua.
2 Marcial, Epigramas III, 49.
3 Jeremías, 51, 7.
4 "Ser bautizado con el mismo bautismo con que yo voy a ser bautizado." Mc. 10, 38.
5 Aristófanes. *Los caballeros,* 1289.
6 Porque el tipo rechazado es Arífrades, un degenerado, buscador de placeres vergonzosos.

"Dos veces da, quien pronto da"
El mismo Séneca en el libro II de *Los beneficios*, dice:
Ingratum est beneficium, quod diu inter manus dantis haesit
"No da alegría el beneficio que demasiado tiempo se mantiene entre las manos del que lo concede"[1]
La mencionada sentencia advierte que no es con lentitud y disgusto como se ha de ayudar a los amigos cuando sea necesario sino que se ha de prestar ayuda espontáneamente sin esperar a que se nos pida.

Entre los epigramas griegos hallamos este dístico bajo el nombre de Luciano:
Ὠκεῖαι χάριτες γλυκερώτεραι· ἢν δὲ βραδύνῃ,
Πᾶσα χάρις κενεή, μηδὲ λέγοιτο χάρις[2]
"Los favores prontos son los más satisfactorios, pues si es tardío todo favor es inútil y no se puede llamar favor."

Estos versos no son fácilmente traducibles al latín pues la gracia y agudeza del epigrama esta en la palabra χάρις que para los griegos significa unas veces el favor, otras el encanto que hace atractivas las cosas y a veces designa a la misma diosa.

Puede encontrarse en Ausonio[3] una parecida sentencia griega:
Ἁ χάρις ἁ βραδύπους ἄχαρις χάρις[4]
"La gracia a destiempo gracia sin gracia"
Es el principio de un hexámetro de algún epigrama:
Tardum beneficium ingratum est
"El beneficio tardío no se agradece."
Ausonio lo transmite así:

---

1 Séneca, *De los beneficios* II, 1,2.
2 Antología palatina X, 30.
3 Décimo Magno Ausonio (s. IV d.C.), poeta latino, hijo de un médico de Burdeos. Se conservan cien epigramas, algunos en griego. Sus poemas de mayor importancia son *Ephemeris* (descripción de un día normal en su vida) y *Mosella* (describe las bellezas del río Mosela).
4 Ausonio 82p, 316.

"El favor que es tardío no se agradece pero cuando hay prisa en hacer un favor es una gracia digna de agradecer"[1]
De nuevo, él mismo lo cita de esta otra manera:
"Si quieres hacer un bien, hazlo pronto, pues lo que se hace pronto será agradecido, pero el favor tardío resulta no agradecido"[2].

Por lo cual, el mismo Héctor en *Reso*[3] de Eurípides desprecia y reprueba el auxilio prestado tardíamente a los amigos:

Μισῶ φίλοισιν ὕστερον βοηδρομεῖν

i.e. *Odi equidem amicis serius succurrere*

"Me repugnan los que prestan tarde su ayuda a los amigos"

Hay una graciosa pantomima con esta sentencia como título:

Bis est gratum, quod opus est, ultro si offeras

"Doblemente grato es si lo que se necesita espontáneamente se ofrece"

Y una segunda muy parecida:

Beneficium inopi bis dat, qui dat celeriter

"Doble beneficio da al necesitado quien lo da rápidamente"[4]

❧ Prometer montañas de oro
ÁUREOS MONTES POLLICERI

Χρυσᾶ ὄρη ὑπισχνεῖσθαι, í.e. *Aureos polliceri montes*.

Hipérbole proverbial referida a quienes prometen grandes cosas o hacen ostentación de grandes riquezas, tomada de la arrogancia de los persas que por razón de sus minas de oro se jactaban de sus montañas de oro.

Plauto en *Estico* dice:

---

1 Ausonio 82 p, 316.
2 Ausonio 83 p, 317.
3 Eurípedes, *Reso*, 333.
4 Recordamos el gracioso refrán castellano: "Más vale un 'toma' que dos 'te daré'." El dicho "Quien da primero da dos veces" se toma actualmente en el sentido egoísta y violento de que quien golpea antes tiene ventaja.

Neque ille sibi mereat Persarum montes, qui esse aureisg perhibentur[1].

"Ni siquiera él merecería las montañas de los persas, que dicen que son de oro."

Y el mismo Plauto en *El militar fanfarrón*, refiriéndose a la misma sentencia los llamó "montes de plata":

Tum argenti montes, non massas habet[2]

"Así pues tiene montañas de plata, no lingotes."

Terencio en *Formión*:

Is senem per epistolam pellexit, modo non montes auri pollicens[3]

"Este sedujo al viejo por carta prometiéndole poco más o menos montañas de oro."

(Creo que en esta cita obviamente hay que advertir algo, que, opino, no está claro en la interpretación más corriente: "modo non" es la versión de la palabra griega μονονουχί, es decir, "tan sólo no", lo cual equivale a "poco más o menos." Así *tantum non* con valor de la palabra griega se encuentra tanto en Livio como en Suetonio y más de una vez en Valerio Máximo).

Apuleyo en la primera parte de su *Apología* dice:

Qui si est avaritia egenus et ad omne lucrum inexplebilis, nec montibus auri satiabitur[4]

"Quien se siente pobre solo por avaricia e insaciable para toda ganancia, no se saciará ni con montañas de oro."

San Jerónimo en su discurso *Contra Rufino*:

Ut cum montes auri pollicitus fueris, ne scorteum quidem nummum de thesauris tuis proferas[5]

"Aunque hayas prometido montañas de oro, ni una moneda de cobre sacarás de tus tesoros"

Aristófanes en *Los acarnienses*:

---

1   Plauto, *Estico*, 24 ss.
2   Plauto, *El militar fanfarrón*, 1065.
3   Terencio, *Formión*, 67 ss.
4   Apuleyo, *Apología*, XX, 8.
5   Apuleyo, *Apología*, XX, 8.

Κἄχεζεν ὀκτὼ μῆνας ἐπὶ χρυσῶν ὀρῶ¹
Menses et octo cacavit in auri montibus.
"Y se estuvo cagando ocho meses en los montes áureos."
Cacavit (estuvo cagando) dijo con la gran libertad de la antigua comedia en lugar de "desedit" (exoneró el vientre).
Fénix Colofón en *Ateneo,* libro XII hablando del riquísimo rey Niño refiere que del "monte" hizo "mar"² diciendo:
Ὅστις εἶχε χρυσίου πόντον³
"Este poseía un mar de oro."
Casi lo mismo dijo Salustio en *La conjuración de Catilina*:
*Maria montesque polliceri coepit*⁴
"Empezó a prometer mares y montes."
La misma idea indica Persio:
Magnos promittere montes
"Prometer elevados montes"
Para que la hipérbole de grandeza no esté en "ser de oro" sino sencillamente en "ser montes."

❦ Con las manos sin lavar
ILLOTIS MANIBUS

Ἀνίπτοις χερσίν i.e. *Illotis manibus,* "Con las manos sin lavar", es traído por Diogeciano en el sentido siguiente: irrespetuosamente y sin preparación.

Tomado también de la limpieza necesaria antes de los ritos sagrados⁵.

Hesíodo en *Los trabajos y los días,* prohíbe que nadie por la mañana ofrezca vino a Zeus χερσίν ἀνίπτοις (con las manos sin lavar).

---
1 Aristófanes, *Acarnienses* 82.
2 Sobreentendiéndose "monte de oro" y "mar de oro."
3 Ateneo, *Deipnosofistas*, XII, p 530 e.
4 Salustio, *Conjuración de Catilina*, XXIII, 3.
5 El sentido litúrgico del lavatorio de manos en la Santa Misa, ahora eliminado, era por tanto, de respeto y preparación para celebrar los Sagrados Oficios.

"Jamás desde el amanecer hagas liberaciones de vino tinto a Zeus ni a ningún otro dios con las manos sucias"[1].

Y prohíbe que nadie se meta en el río ni en la fuente χεῖρας ἄνιπτος (sin lavar las manos).

En Homero hay mención frecuente de χέρνιβος (aguamanil). Esta voz, por ello, suena como si dijese "lavatorio de manos", con el cual antiguamente empezaba el culto divino y también los banquetes en cuanto acción sagrada.

Gregorio llamado el Teólogo en la *Apología* sobre su huida al Ponto unió ambas cosas:

> "Con las manos sucias como suele decirse y con los pies profanos al mismo tiempo, se acercaron a las cosas más sagradas."

Cayó en *Las Pandectas*, libro I, cap. I, titulado "Del origen del derecho" dice:

> "Si en el Foro a los que exponen las causas les parece, por decirlo así, improcedente exponer el asunto sin introducción alguna. ¿Cuánto más improcedente seria para los que, adelantando una interpretación, omitidas las introducciones y no repetido el principio, sin lavarse las manos, como si dijéramos, tratan directamente el tema de interpretación."

Ambos proverbios podrían utilizarse correctamente contra aquellos que imprudentemente o quizá sin la preparación necesaria acometen un negocio.

Al igual, si alguien trata de interpretar las Sagradas Escrituras mal preparado y desconocedor de la lengua griega, latina y hebrea y de toda la antigüedad sin cuyo conocimiento no solo es insensato sino incluso impío encargarse de debatir los misterios teológicos.

Sin embargo, ¡Ay, horror sacrilego! ya por doquier lo hacen muchos provistos de unos cuantos silogismos y pueriles sofismas; ¡Vive Dios! ¿A qué se atreven? ¿Qué no se aconsejan? ¿Qué no decretan?

---

1   Hesiodo, *Los trabajos y los días,* 724 ss.

Si pudiesen ver a qué risas, o mejor, a qué dolor mueven a los entendidos en las lenguas de la antigüedad, qué monstruosidades profieren, en cuan vergonzosos errores se precipitan a menudo, ciertamente se avergonzarían de tanta temeridad y volverían a su vejez a los rudimentos de las letras.

Muchos discurren correctamente sin las reglas de la dialéctica por no llamarlas prestidigitaciones sofisticas. Hubo hombres sabios antes de que naciera Aristóteles, su dios.

Nunca las ideas de otro las comprendió alguien desconocedor de la lengua en que fueron expresadas. Por ello, San Jerónimo, cuando se decidió a interpretar las Sagradas Escrituras, para no enfrentarse a tarea de tanta importancia *illotis pedibus* (con los pies sin lavar) como se dice, pregunto ¿acaso preparó su espíritu con las tonterías de los sofistas? ¿acaso con las enseñanzas aristotélicas? ¿acaso con las más tontas niñerías?

No, ¿cómo pues?

Con encomiable sudor se procuró el conocimiento de las tres lenguas.

Quien las ignora no es teólogo sino corruptor de la Sagrada Teología y la verdad es que no sólo trata las cosas más sagradas *manibus ac pedibus illotis* (con manos y pies sin lavar), sino que las profana, las ensucia y las deshonra.

⁂ Una tinaja sin fondo
INEXPLEBILE DOLIUM

Ἄπληστος πίθος i.e. *Inexplebile dolium*, "Una tinaja sin fondo": vario es el uso de esta expresión.

Cuadra, en primer lugar, εἰς τοὺς ἀδδηφάγους i.e. *in glutones edacesque*, a los glotones y comilones, pero más adecuado para aquellos de los bebedores sin término que cuanto más beben más ansían beber, como en otro tiempo se decía de los partos.

Esto mismo parece que opinaba Festo[1] que cita a no sé quién[2] —pues el texto está mutilado— que hablaba de *dolium pertusum* (un tonel agujereado), cuando se refería al vientre, aunque en realidad el vientre por naturaleza no tiene fondo, porque lo que ingieres por la boca se elimina por otras vías.

Cuadra incluso con el olvidadizo a quien si alguna enseñanza infundes, rápidamente la pierde y que antes la olvida que la aprende correctamente, cual describe Aristófanes a Estrepsiades en *Las nubes*:

Ὅστις σκαλαθυρμάτι' ἄττα μικρὰ μανθάνων
Ταῦτ' ἐπιλέλησται πρὶν μαθεῖν[3].
i.e. *Hujusmodi minutulas qui argutias*
prius atque didicit quae dedidicerit immemor
"Incluso tratando de aprender unas ideas de poca monta las ha olvidado antes de llegar a aprenderlas."

Casi de la misma manera usó este dicho Plauto en *Pseudolo*:
In pertusum ingerimus dolium, operam ludimus[4].

"Echamos agua en un tonel agujereado, hemos perdido el tiempo"
Podría explicarse también a las personas exageradamente derrochadoras como indica Aristóteles en el libro primero de *Los económicos*.

"La cualidad que debe poseer una persona que gobierna una casa con relación a sus bienes es: debe ser capaz de adquirirlos y conservarlos; si no, la utilidad de adquirir es nula, pues eso sería como achicar agua de un barco con una criba o lo del conocido tonel agujereado"[5]

Cuadra de la misma manera a los avaros para cuya avidez nada es suficiente, por el contrario cuanto más se llenan con riquezas, más vacíos se consideran. Lo cual elegantemente está atestigua-

---

1 Festo p 242.
2 A Plauto: citado correctamente más abajo.
3 Aristófanes, *Las nubes*, 630 ss.
4 Plauto, *Pseudolo*, 369.
5 Aristóteles, *Los económicos* lp., 1344b, 23 ss.

do en aquel verso de Solón citado por Plutarco en su libro Περὶ φιλοπλουσίας

    Πλούτου δ' οὐδὲν τέρμα πεφασμένον ἀνθρώποισι[1]
    i.e. *Non est fixus opum finis mortalibus ullus*
    «Ningún término de la riqueza está fijado para el hombre."

Zenódoto[2] piensa que se debe aceptar con toda seguridad que el Tártaro[3] es un tonel sin fondo puesto que nunca se llena a pesar de los miles de difuntos. El libro del sabio hebreo lo incluye entre las cosas insaciables.[4]

Se aplica incluso a todos aquellos que sin escrúpulos regalan a otros lo que sin escrúpulos roban.

Úsase también este dicho aplicándolo a los que trabajan inútilmente; tal se demuestra en otros textos como en Catulo[5]:

    Dolea virgineis idem ille repleverit urnis
    "Él llenaría los toneles con los cántaros de las doncellas"[6].

El adagio nació de la conocidísima fábula de las doncellas Danaides que por haber matado a sus esposos sufren este castigo en el infierno: con cubos agujereados recogen agua y en el tonel sin fondo la vierten con un trabajo en verdad grande pero inútil.

De esta fábula hace mención Horacio en las *Odas*:

    Et inane lymphae dolium fundo pereuntis imo[7]
    "La tinaja vacía de agua que se pierde por el fondo."

E igualmente Tibulo:

    Et Danai proles, Veneris quae numina laesit, in cava Lethaeas dolia portat aquas[8]

---

1   Plutarco, *Sobre el amor a las riquezas*, 4p., 524 e.
2   Zenódoto de Efeso, primer director de la Biblioteca de Alejandría (288-270 a.C.) se le atribuye la distribución de la Ilíada y de *La Odisea* en veinticuatro libros y su edición.
3   El reino de Hades, bajo la tierra.
4   *Proverbios* 30, 15-10.
5   La cita no es de Catulo sino de Propercio; una de las pocas citas erróneas de Erasmo.
6   Propercio, *Elegías*, II, 1, 67.
7   Horacio, *Odas* III, 11 27 ss.
8   Tibulo, *Elegías* I, 3, 79.

"Y las hijas de Danao, que ofendieron la divinidad de Venus, acarrean aguas del Leteo a cántaros rotos."
Recuerdan este dicho Luciano en *Timón*, y Aristóteles en el libro sexto de la *Política*.

Una vez más Luciano en *Hermótimo*:
Ἐπιρρεῖ γὰρ κατὰ τὴν παροιμίαν τὸ πρᾶγμα ἐξαντλούμενον ἐς τὸ ἔμπαλιν ἢ ὁ τῶν Δαναΐδων πίθος
"Fluye más cuanto más se achica, laborioso trabajo, y se consigue lo contrario como el cántaro de las Danaides"[1]
Utilizó Platón este dicho en varios lugares entre otros en *Gorgias*[2].

❧ Date prisa lentamente
Festina lente

Σπεῦδε βραδέως i.e. *Festina lente*. Este proverbio presenta una graciosa apariencia de enigma, ya que consta de palabras opuestas entre sí. Por ello, pertenece a la categoría de adagios —como describimos al principio de esta obra— que incluye en su formulación una ἐναντίωσιν (una contradicción) cuyo ejemplo seria decir δυσδαίμων εὐδαιμονία (infeliz felicidad).

No creo yo que sea absurdo pensar que la expresión tenga su origen en lo dicho por Aristófanes en *Los caballeros*:
σπεῦδε ταχέως[3]
i.e. *Propera propere*
"Apresúrate deprisa",
y creador de ella quien cambio τὴν ἀναδίπλωσιν (el pleonasmo de sus palabras) en ἐναντίωσιν (contradicción).

Al colorido y elegancia de esta expresión añade no poco encanto la agradable y absoluta brevedad la cual me parece acertada en las joyas y especialmente en los adagios; en ambos, no sé por qué, influye admirablemente en su valor.

---

1 Luciano, *Hermotin*, 61.
2 Platón, *Gorgias*, 493 b.
3 Aristófanes, *Los caballeros*, 495.

Si, pues, aprecias la sentencia vigorosa que esta corta brevedad de las palabras contiene, cuan rica sea, cuan profunda, cuan útil, cuan ampliamente válida en toda situación vital, enseguida y fácilmente serás de la opinión de que entre tan grande número de proverbios no hay ninguno tan digno de grabarse en todas las columnas, de inscribirse en las fachadas de todos los templos[1] —y con letras de oro, por cierto— de pintarse en las puertas de los palacios, grabarse en los anillos de los señores, de representarse en los centros religiosos y, finalmente, esculpirse siempre en todos los monumentos, de propagarse y darse a conocer de manera que siempre esté presente y delante de los ojos, porque su seguimiento es útil a todos los mortales,[2] especialmente a los príncipes a los cuales de aplican las palabras de Homero:

Λαοί τ' ἐπιτετράφαται καὶ τόσσα μέμηλε[3]

i.e. *Commissi populi ac tam multa negotia curae*

"A quién están confiadas las naves y a cuyo cargo hay tanto."

Cuando algo por un plebeyo es omitido por desidia o realizado por temeridad, al igual que el menoscabo es más leve, el daño, por tolerado, se cura con más fácil remedio.

Pero un simple retraso del príncipe o una decisión precipitada ¡oh Dios inmortal! Qué tempestades a veces levanta, cuánta calamidad lleva consigo para la sociedad. Por el contrario, teniendo presente τὸ σπεύδειν βραδέως (el Festina lente) es decir, "cierta madurez y moderación al mismo tiempo, templada por la vigilancia y la calma", de manera que el príncipe ni haga algo por temeridad de que tenga que arrepentirse, ni por desidia algo conveniente a la república deje de hacer, te pregunto qué puede ser más feliz, más firme, más duradero que este Estado.

---

1 Reminiscencia del santuario de Apolo en Delfos en cuya puerta de entrada estaban inscritas las máximas "γνῶθι σ' αὐτόν" (conócete a ti mismo) y "μηδὲν ἄγαν" (nada en exceso).
2 Quizás la escueta belleza del Adagio está sobre valorada por Erasmo frente a la profundidad de máximas de Delfos.
3 *La Ilíada*, II 24-25.

Aunque esta felicidad no sólo se circunscribe a los límites del Estado, sino que se extiende desde él a todos los pueblos limítrofes y así tendrá validez como en ninguna otra ocasión la palabra de Hesiodo: Πῆμα κακὸς γείτων, ὅσσον τ' ἀγαθὸς ὄνειαρ[1] "El mal vecino es una calamidad; en cambio, el bueno es una suerte." Y por ello —ésta es al menos mi opinión— a este proverbio, más que a ningún otro, le cuadra con todo derecho el apelativo de βασιλικός, "regio", no tan sólo por la razón antes mencionada, sino también porque la índole natural de los principes está especialmente próxima estos dos juicios. Pues el favor de la fortuna, la abundancia de riquezas, el halago fácil de los placeres, la libertad, incluso, para hacer lo que les plazca, y finalmente el nefasto εὖγε, ¡bien, bravo! de los aduladores, éstos siempre a punto para el aplauso, la sonrisa y la felicitación por todo lo que se diga o haga; todo esto, digo, y otras cosas por el estilo, no es extraño que inciten a muchos a la desidia, sobre todo si esta simiente cae en la tierra abonada de la juventud y de su compañera la inexperiencia.

Pero por el contrario, a menudo sucede que aquel vigor innato en el temperamento de los príncipes y aquel ímpetu —como si dijéramos— leonino, reforzado por la magnitud de las riquezas, estimulado por los éxitos de grandes hazañas, inflamado por la ira o por la ambición o por otras semejantes pasiones, animado por consejos agresivos, los arrebata alguna vez y arrastra al abismo a ellos mismos y a todo el conjunto de la nación.

Aunque ciertamente si ha de fallar en una de las dos cosas, es preferible que el gobernante sea moderado, y no que en igualdad de condiciones sea demasiado precipitado.

Parece ser que Homero atribuye a Agamenón cierta viciosa desidia, es decir, τὸ βραδέως (el lente), de manera que no se le asigna ninguna hazaña insigne y audaz, si no es su cólera cuando se le es arrebatada Criseida y manda robar a Briseida de la tienda de Aquiles.

---

1 Hesiodo, *Los trabajos y los días*, 346.

Por el contrario atribuye a Aquiles ímpetus poco moderados, o sea, τὸ σπεύδειν (el Festina); si bien se le podría aplicar σπεύδειν βραδέως (el Festina Lente) cuando en la reunión amenazó al rey con reluciente espada y se retuvo cuando Atenea le advirtió que se mantuviese en los límites de la injuria. No obstante, hubo desmesurado ánimo en la reunión de los jefes con frecuentes ofensas, con tan odiosas injurias sobre el que en definitiva era jefe principal.

Podríamos decir que Alejandro Magno imitó a Aquiles y le superó hasta tal punto que llevó el ímpetu de su ánimo más allá que él hasta levantar la espada contra sus más amigos. Sardanápalo[1] emuló a Agamenón de tal modo que le superó ampliamente.

Aunque pueden encontrarse ejemplos de uno y otro género que recuerdan bien la calma de éste o la ferocidad de aquél; muy pocos se encontrarán que, de acuerdo con el presente proverbio, unan correctamente la oportuna prisa con la prudente tardanza; si bien por todos vale Fabio Máximo[2] conocido también con el sobrenombre de Prudente; habiéndose granjeado fama de inmortal, porque salvó para los romanos, por medio de la circunspecta lentitud, el Estado, que la irreflexiva celeridad de otros jefes había llevado a extremos desastrosos[3].

Y así con motivo creo no ser casual que este *Festina lente* agradase a los dos emperadores romanos alabados por todos, Octavio Augusto y Tito Vespasiano; ambos poseían una especial grandeza de ánimo unida a una increíble condescendencia afable, de modo que con su amable popularidad atraían a todos, pero, sin embargo, con igual diligencia, si en alguna ocasión los asuntos requerían una gran hombría, rápidamente aportaban las soluciones. Octavio se deleitaba preferentemente con este adagio —como narra Aulo Gelio en *Las noches áticas,* libro décimo, capítulo once y también

---

1 Asurbanipal, el Sardanápalo de los griegos, tipo del soberano oriental afeminado (s. VII a.C.).
2 Quintus Fabius Maximus Verrucisus (el Cachazudo). Célebre por su eficaz táctica dilatoria contra Aníbal: tras la derrota en el lago Trasimeno (217 a.C.) evitó presentar batalla mientras Roma restablecía sus fuerzas.
3 Virgilio, *La Eneida* VI, 845-846.

Macrobio en *Las sátiras*, libro VI—; no sólo lo usaba frecuentemente en la conversación de cada día, sino también reiteradamente la insertó en sus epístolas; él quería, con estas dos palabras, recordar que en toda acción había que perseguir dos cosas: rapidez en la ejecución y lentitud en la reflexión. Opina Gelio que esta idea la expresaban con una sola palabra: *Matura*[1]. Pues *maturari* era hacer una cosa ni demasiado pronto ni demasiado tarde, sino en el momento preciso. En este sentido la utiliza Virgilio cuando dice en el libro primero de *La Eneida*:

Maturate fugam[2]

"Preparad la fuga."

Bien es verdad que esta voz significa en algunos autores "darse prisa", pero sin adelantar el momento oportuno. Por su puesto se puede utilizar *Festinare* correctamente como "darse prisa", pero no como *Maturare*. No es distinto lo que Suetonio cuenta en la vida de Augusto:

"Opinaba, por otra parte, que nada convenía menos a un general perfecto que la precipitación y temeridad. Así, repetía frases con frecuencia como ¡Date prisa, lentamente!; pues es mejor un caudillo seguro que uno audaz. Y bastante deprisa se hace todo lo que se hace bastante bien"[3].

Hasta aqui Suetonio. Es este verso un tetrámetro trocaico cataléctico sacado, supongo, de algún poeta en el que se aplica a César, como privativa la palabra "General."

El sentido es: *Festina lente*; pues quien sin fallos actúa con seguridad, es mejor que el temerario y audaz. Los asuntos para los que se toman las medidas oportunas con largas deliberaciones son más seguros que los que aceleran con decisiones temerarias.

Que este adagio gustaba a Tito Vespasiano se deduce simplemente de antiguas monedas suyas, una de las cuales de plata con una vieja estampa auténticamente romana me mostró Aldo

---

1   *Las noches áticas*, 10, 11, 12.
2   Virgilio, *La Eneida* I, 137.
3   Suetonio, Augusto 24, 4.

Manucio; la cual como regalo, decía, le había sido enviada por Pedro Bembo, patricio veneciano, joven erudito entre los mejores, eminente conocedor de la literatura antigua. En la moneda estaba grabado lo siguiente: en una cara lleva la esfinge de Tito Vespasiano con una inscripción; en la otra un áncora en la cual, como en un bastón, se enrosca un delfín. Este símbolo significa no otra cosa que aquella divisa de César Augusto *Festina lente*, según se puede deducir de los testimonios de las antiguas escrituras jeroglíficas.

Así se llaman las inscripciones enigmáticas de las cuales se sirvieron en siglos pasados, sobre todo en Egipto los poetas y teólogos, que consideraban un impiedad hacer llegar a los profanos los misterios de las sabiduría con letras corrientes, como nosotros hacemos; pero si algo juzgaban digno de conocimiento lo representaban con diversas figuras de animales y cosas de tal manera que no pudiesen de pronto llegar al conocimiento, sino que quien, conociendo plenamente las propiedades de cada cosa y la fuerza y naturaleza de cada animal, pudiese, finalmente, a través de los símbolos propuestos, comprender el secreto de la sentencia en cuestión.

En Egipto cuando quieren representar al dios Osiris, que creen que es el Sol, pintan un cetro y en él la figura de un ojo, dando a entender que este dios, mira todas las cosas con suprema potestad, pues en la antigüedad llamaban al Sol "Ojo de Júpiter."

Casi lo mismo refiere Macrobio en el primer libro de *Las saturnales*[1]. Igualmente representaban el año de esta manera: pintaban una serpiente retorcida de tal modo que tenia la cola metida en la boca, dando a entender que el año, con el movimiento alternativo de sus estaciones, vuelve otra vez sobre si mismo.

Servio Piensa que por eso entre los griegos al año se le designa con la palabra "ἐνιαυτοῦ"[2] y que esto tenía presente Virgilio cuando dijo:

---

1 Macrobio, *Las saturnales* I, 21, 12, ss.
2 El gramático Mario Servio Honorato, a comienzos del siglo v d.C., comentó las obras de Virgilio. En griego ὁ ἐνιαυτός designa "el año." Según la etimología (ἐν ἑαυτῷ) significaría "el en sí mismo."

At que in se sua per vestigia volvitur annus[1]

"Sobre sus mismas huellas, el año retorna sobre sí mismo"

Si bien el egipcio Horus, de quien hay dos libros sobre esta clase de símbolos, afirma que la serpiente grabada no representa el año, sino la eternidad. El símbolo del año es la esfinge de Isis o del Fénix. Entre los griegos escribió Plutarco sobre estos temas en el comentario sobre Osiris[2] y Queremón según el testimonio del Suidas,[3] de cuyos libros sospecho que ha sacado todo lo que anteriormente hemos visto sobre estos testimonios y en los cuales se encontraba también esta representación: en primer lugar un círculo, después el áncora, cuya parte media, como dije, está rodeada por un delfín de cuerpo retorcido. El círculo, como indica la aclaración que acompaña, al no tener término alguno simboliza el tiempo eterno. El áncora, que retiene la nave la sujeta y la amarra, representa la lentitud. El delfín es el más rápido y ágil entre los animales y representa la velocidad; todo lo cual, correctamente relacionado, se desprende esta máxima:

Semper festina lente

"Date siempre prisa lentamente."

Pero ciertamente esta manera de escribir no solo tiene gran dignidad sino también no poco encanto cuando se alcanzan las propiedades esenciales de las cosas —como dije—; lo cual consigue la persona inteligente, en parte por la observación atenta de las cosas y sus causas naturales, en parte por el conocimiento de las disciplinas liberales.

Así alguien leyendo los libros de Aristóteles que tituló "sobre oído natural"[4], con razón sostendría que hay cierta relación y se-

---

1 Virgilio, *Georgias* II, 402.
2 Plutarco, *Isis y Osiris* 5, lp, 371e; 52p 372 b.
3 Suidas X, 170. Suidas: Diccionario enciclopédico de la época bizantina (s. X); contiene informaciones valiosas sobre léxico, biografías y argumentos de obras perdidas.
4 Se trata de los libros de la *Física*. Los libros IV y siguientes tratan sobre conceptos tales como tiempo, espacio y movimiento. Me arriesgo a pensar que el origen de este inexacto título se debe al error de algún tipógrafo o copista confundiendo ὄντος (del ser) con ὦτος (del oído).

mejanza entre magnitud, movimiento y tiempo, pues cada una de ellas existe igualmente en la otra. Puesto que como el tiempo está estrechamente relacionado con el movimiento, así el movimiento está con la magnitud; lo que es en la magnitud el punto, lo es el instante en el tiempo, el ímpetu en el movimiento.

(Permítaseme de momento llamar así a lo que en el movimiento es mínimo e indivisible; no es cuestión de atascarse demasiado en palabras si en el concepto hay unanimidad.)

Pues si en una línea recta atiendes a la magnitud, encontrarás dos puntos, de los cuales uno es sólo el comienzo y el otro sólo el final, es decir, el punto desde donde empieza la longitud y el punto en el que se acaba. En la misma, si induces un movimiento encontrarás dos ímpetus, uno de donde nace el movimiento y otro en donde acaba. Entre ellos existe esta relación: que el principio sea tan sólo principio de su movimiento, que el fin sea tan sólo el fin.

Necesariamente el tiempo acompaña al movimiento. Hay de esto como una regla, cuya naturaleza si la contemplases por separado verías dos momentos —pues es lícito hablar así— uno el comienzo de aquel tiempo y otro el fin.

Pero por el contrario si en la misma línea consideras los puntos de la magnitud, los impulsos del movimiento, los instantes del tiempo que se encuentran entre el principio y el fin, verás que todos ellos tienen una doble función, pues respecto al inicio son fines y respecto al fin son inicios. Por tanto si la magnitud fuese finita entonces a la par el movimiento ha de ser finito y finito el tiempo.

Finita es aquella magnitud a la que conviene un principio tal que el mismo no pueda ser un fin, tal fin —digo— que en él no recaiga la función de principio, lo cual sucede en todas las figuras geométricas excepto en el circulo y a la esfera.

Pues en ésta no hay punto alguno que propiamente pueda llamarse principio ni punto alguno que sea fin de tal forma que pueda llamarse únicamente fin, y así lo mismo vale para el instante y el impulso.

De donde se deduce que en ella ni la magnitud es finita ni el movimiento finito ni el tiempo finito. Por el contrario, cuando cualquier punto de magnitud puede ser al mismo tiempo principio y fin entonces la magnitud es necesariamente infinita.

Por la misma razón cuando cualquier impulso puede ser principio o fin del movimiento, entonces el movimiento parece finito.

Finalmente, cuando cualquier movimiento puede ser al mismo tiempo ya principio ya fin del tiempo, entonces el tiempo se considera finito.

Al tiempo infinito llamamos eterno porque corresponde al movimiento infinito.

El movimiento eterno exige igualmente una magnitud eterna. Esto no puede darse sino en la magnitud esférica o circular.

Pero no sólo esta magnitud corresponde al círculo sino también el movimiento concomitante tiene consideración de movimiento circular. Del mismo modo el tiempo que mide este movimiento podría de alguna manera ser llamado círculo como lo atestigua Aristóteles en el libro cuarto de la *Física*[1].

Quien aprendiera por la enseñanza de los filósofos estas y parecidas cosas, fácilmente conjeturaría por qué los egipcios han elegido el círculo para representar el movimiento sempiterno.

Veamos en pocas palabras la fuerza y naturaleza del delfín. De él cuentan los escritores que con su increíble velocidad y asombrosa elasticidad sobrepasa largamente a los animales de su categoría. Por ello, Opiano en el libro segundo sobre la *Naturaleza de los peces*, compara los delfines no con cualquier ave sino con las águilas:

> "Al igual que en las nubes, entre las más veloces aves, la más poderosa es el águila, entre las fieras el carnívoro león y los dragones lo son entre los reptiles, así el asombroso delfín supera a todos los peces que enseñorean el mar."

Los compara también con una flecha:

---

1   Según el texto de Erasmo: Περὶ τῆς φυσικῆς ἀκροάσεως (sobre la física del oído) Cfre. Nota anterior.

Διὰ γὰρ βέλος ὥστε θάλασσαν ἵπτανται

i.e. *Namque per aequora lata sagittae more volant*

"Cual una flecha vuelan a través de los anchos mares."

Finalmente los compara con el viento, con el torbellino y, mejor, con el huracán:

Ἄλλοτε μὲν βαθὺ κῦμα διατρέχει ἠΰτε λαῖλαψ

i.e. *Altas aliquando per nudas turbinas in morem discurrit*

"A veces, por las altas olas tan veloz como el huracán corre."[1]

Plinio, en el libro nueve de la *Historia natural*, capítulo octavo, siguiendo la opinión de Aristóteles, narra algo semejante: el delfín es el más rápido de los animales, no sólo en el mar, sino que es más ágil que cualquier ave, más rápido que la flecha.

Su extraordinaria velocidad se debe principalmente a que, teniendo la boca un buen tramo separado del morro, o sea, casi en mitad del vientre, lo cual es preciso que le sea un entorpecimiento en la persecución de los peces, tan solo se desliza rápidamente tumbado y vuelto boca arriba y, sin embargo, casi ningún pez hay que escape a su velocidad[2].

No desconoce él mismo este don de la naturaleza, sino que como buscando ser admirado o por vanidad algunas veces nadando porfía con los barcos que navegan a toda vela.

Además el delfín es gran amigo del hombre (φιλάνθρωπος); es más, dicen algunos que le agradan los niños (παιδεραστής) y por ello es enemigo mortal de los cocodrilos, animal más que ningún otro peligroso para el hombre. No tiene miedo ante el hombre, a quien no extraña, sino que se acerca a las naves, juguetea saltando y porfía incluso, aunque lleven las velas totalmente desplegadas.

Además en la pesca de los mújoles en la laguna Laterna[3] manifiesta espléndidamente cuan potente es su velocidad, de cuánto

---

1   Opiano (s. III d.C), Halieutica (sobre la pesca) 2, 539 ss, 2, 535 ss; 2, 587.
2   No parece muy exacta esta descripción anatómica del delfín.
3   No identificada. Quizás Latera, un lugar en la costa mediterránea entre la desembocadura de los ríos Herault y Ródano.

ingenio está dotado, cuánto, en fin está dispuesto a hacer por el hombre[1].

Porque ¿qué diré yo de sus increíbles y poderosos saltos? Cuando acuciado por el hambre, persiguiendo largo tiempo, hasta las más profundas aguas, a un pez, retiene la respiración, como disparado por un arco salta para respirar y con tanta fuerza se eleva que muchas veces sobrevuela las henchidas velas de la nave.

¿Qué símbolo más apto para representar el ímpetu indómito y fogoso que el delfín?; por el contrario, para significar la lentitud y la indolencia nada mejor que otro pez: ἐνεχίς (el "retienenave") que los latinos llaman "rémora"; pero como su aspecto parecía poco expresivo (pues además de ser muy pequeño no tiene distintivo característico), se prefirió el símbolo del áncora, la cual, cuando la navegación se vuelve peligrosa por los vientos poco favorables, detiene la nave en carrera veloz y la sujeta firmemente: Y así este adagio, *Festina lente*, parece arrancado de los misterios de las más antigua filosofía y, por ello, elegido por los dos emperadores más estimados; para uno sirvió de divisa, para el otro de emblema y, en ambos cuadra a sus costumbres y carácter.

En este momento la herencia ha llegado, como tercero tras los dos emperadores romanos a Aldo Manucio.

"No sin designio y voluntad del cielo, según tengo por cierto"[2].

Pues el mismo símbolo que en otro tiempo agradó a Tito Vespasiano, es ahora famosa marca de impresor, conocida y apreciada en cualquier parte de la tierra donde hay hombres que conocen y aprecian la literatura clásica. No creo que este símbolo fuese tan ilustre cuando, esculpido para los negocios en la moneda imperial, era manoseado que ahora, cuando entre toda la gente y más allá de los límites de la cristiandad, al mismo tiempo que los diversos libros en ambas lenguas, se propaga, se conoce, se ensalza por todos aquellos para quienes los estudios clásicos son sagrados,

---

1   Plinio, *Historia natural* 9, 29.
2   Virgilio, *La Eneida* V, 56.

especialmente para aquellos que, hastiados de esta bárbara y grosera enseñanza, aspiran a la verdadera y antigua erudición; para restituir la cual parece nacido este varón y por el destino, por así decirlo, creado y enviado; pues él tiene este único y ardiente deseo que persigue infatigablemente, por el cual no rehuye trabajo alguno: restituir plenamente para las personas interesadas los textos fundamentales, íntegros, puros y auténticos.

Cuán grande y valiosa ha sido su aportación aunque, como dije, no le hayan sido favorables los hados, lo manifiesta palmariamente la realidad lograda. Porque si a estos hermosísimos y regios deseos de nuestro Aldo algún dios que ame las letras le protege y "las divinidades desfavorables no lo impiden"[1], prometo a los estudioso que dentro de pocos años todas las obras de grandes autores en las cuatro lenguas, latina, griega, hebrea y caldea, en cualquier disciplina, por obra de este hombre, las encontrarán en su totalidad y en buenas ediciones, y ningún texto fundamental nadie echará de menos.

Cuando esto suceda, entonces se pondrá de manifiesto qué cantidad de buenos manuscritos están ocultos, bien descuidados por negligencia, bien escondidos por el egoísmo de algunos; parece que sólo tienen en el corazón el deseo de disfrutarlos únicamente ellos.

Por fin se conocerá con qué asombrosos errores se editan los que ya se consideran suficientemente corregidos.

Si a alguien le fuera permitido hacer como una prueba para que las *Cartas* de Plinio —que en unos días saldrán del taller de Aldo—[2] pudiera comparar con ejemplares ahora habituales, las diferencias observadas podría aplicarlas a otros autores.

Trabajo hercúleo, ¡por Hércules!, y digno de un espíritu regio; las grandes creaciones sumidas casi en ruina total restituirlas al mundo, investigar lo que está desaparecido, descubrir lo que está escondido, dar vida a lo destruido, completar lo fragmentario, corregir lo dañado de mil formas, principalmente por culpa de aquellos

---

1 Virgilio, Geórgicas 4, 6 ss.
2 Se publicaron en 1508.

ramplones impresores para quienes el pequeño lucro de un poco de oro es más importante que la buena literatura en su conjunto.

Añade a esto, aunque exageres su alabanza cuanto quieras, que quienes protegen o amplían su país con la fuerza están entregados a su obra en un ámbito mundano y constreñido a espacios reducidos.

Pero quien las letras salva de la ruina, pues esto es más difícil que crearlas, edifica en primer lugar una obra sagrada e inmortal no tan sólo para interés de un solo país sino de toda la humanidad y de todos los tiempos.

Finalmente, en otros tiempos, esto era tarea de los nobles, entre los cuales pertenece a Ptolomeo la gloria más eximia; aunque su biblioteca se encerraba entre paredes domésticas y reducidas. Aldo esta erigiendo una biblioteca cuyas fronteras son las fronteras de la tierra.

En esta pequeña digresión no parece haberme separado del tema, es decir, que los estudiosos de este símbolo más vehementemente lo favorecen y aman en cuanto lo conocen que proviene de tan ínclitos autores; más si además han comprendido su significado y, finalmente, más cuando son conscientes de cuanto de bueno aquel delfín les promete, si hubiese algún dios favorable a tan hermosas empresas.

Retorno al tema en el punto donde lo dejé no sin antes exponer mi queja contra ciertos impresores que hacen un flaco servicio a la literatura. No es nueva esta queja, es más justa que cuando se me preparaba —si no me equivoco— la cuarta edición. Esta fue en el año 1525.

Venecia, ciudad celebérrima por muchos títulos, es más célebre por la oficina de Aldo; de tal forma que los libros que se llevan a naciones extranjeras son vendidos enseguida por ser su origen tal ciudad. Pero algunos sórdidos impresores abusan del nombre por sucio negocio; de ninguna otra ciudad nos llegan ediciones de los autores antiguos tan pervertidas; sin ser respetados, sino todo lo contrario, los autores principales como Aristóteles, M. Tulio y Quintiliano, por no quejarme de las Sagradas Escrituras.

Las leyes procuran que nadie cosa zapatos ni construya muebles si no fuere reconocido en su oficio por el gremio. Pero algunos ignorantes de las letras editan a muchos autores, cuyas obras merecen sagrado respeto, tan mal que ni se pueden leer; tan perezosos que ni siquiera releen lo impreso; tan sórdidos que más pronto permiten que seis mil errores llenen un buen libro que con unas monedillas de oro pagar un corrector.

Nadie promete más grandiosamente en la portada que el que más desvergonzadamente corrompe los textos.

Por la autoridad de las leyes se acuerda la devolución, si alguien vendiese un paño que acordó teñido de escarlata, si se advierte que en el color ni rastro hay de escarlata; es más, se impone una multa a quien en estos géneros textiles comete engaño.

¿De sus ganancias o de su hurto disfrutará más quien las mismas fechorías impone a tantos miles de hombres?

En otro tiempo al copiar los libros se mostraba respeto religioso no menor que el que se aplica en actas notariales y judiciales y ciertamente aún mayor se debía, puesto que tan prodigiosa confusión de los libros no a otra causa se debe sino a que se encomendaba el manejo de algo tan sagrado a cualquier oscuro e inexperto fraile incluso a monjas,[1] las más simples, se confiaba más allá de lo deseable.

Sin embargo, qué pequeño es el mal que se acarrea el copista negligente o ignorante si lo comparas con un impresor.

Aquí bostezan las leyes públicas.

Se castiga a quien vende tela teñida de Inglaterra ofreciéndola como teñida en Venecia.

Pero disfruta de su audacia quien sólo torturas y tormentos vende dándolos como buenos autores.

Dirás, no incumbe al vendedor manifestar al comprador cualquier defecto. Pero debería ser si el título promete exacta autenticidad pero… el libro esta plagado de errores.

---

[1] El texto original dice *mulierculis* i.e. "a mujerzuelas." Poco aprecio de Erasmo por las monjas.

Hay erratas que ni siquiera los eruditos descubren de inmediato. Ahora ya una innumerable caterva de tipógrafos[1] lo confunde todo, especialmente en Alemania.

No se permite a cualquier ser panadero, el oficio tipográfico a nadie le esta prohibido.

Es peligroso pintar o decir cualquier cosa, pero imprimir cualquier materia está permitido.

¿A qué parte del mundo no vuela el enjambre de nuevos libros? Aun cuando cada uno aporta algo digno de conocerse, la misma excesiva cantidad obstacularizaría los estudios, ya por su misma demasía, que tratándose de buenos asuntos es muy perjudicial, ya porque con tales halagos la atención de los hombres por naturaleza variables y ávidos de novedades se aparte de las enseñanzas de los escritores antiguas cuyas palabras son las mejores que proferirse puedan.

Aunque no niego que algo se les hubiera escapado que hayan podido imaginar los autores modernos. Podría, por ejemplo, alguien enseñar algo que no supiera Aristóteles, pero creo que nadie habrá en el futuro que construya en sistema filosófico tan completo como el que nos legó.

De igual modo, habrá quizás quien en las letras sagradas descubra algo que escapó al conocimiento de Crisóstomo[2] o Jerónimo,[3] pero no creo que en el futuro nadie nos ofrezca en conjunto lo que ellos dos nos han ofrecido.

Ahora despilfarramos muchas horas con todos aquellos cuentos de la antigüedad; se desprecian entre tanto las honestas disciplinas y sus autores; se merma la autoridad de los Senados, de las asambleas, de las escuelas de juristas y teólogos.

Si esto continúa como empezó sucederá que todo esté en manos de unos pocos, retornada a nosotros la bárbara tiranía como la

---

1   Fundidor era entonces sinónimo de tipográfico o impresor.
2   San Juan Crisóstomo (Boca de Oro): patriarca de Constantinopla. El más grande orador ente los padres griegos (s. IV).
3   San Jerónimo (ss. IV-V), padre y doctor de la Iglesia. Apasionado por la cultura clásica, abandonó las letras profanas y en el desierto vivió como anacoreta dedicado al estudio del hebreo. Su traducción latina de la Biblia es la Vulgata.

tienen los turcos. Por antojo de uno o de muy pocos todo se lo llevarán y no habrá indicio alguno de ordenamiento ciudadano sino que todo estará regido por la violencia de las armas. Irán por tierra las artes y las ciencias; sólo una ley tendrá vigencia: así lo quiere el amo del mundo (ὁ Κοσμοκράτωρ).

Los prelados religiosos no tendrán categoría o si les quedan bienes o dignidad todo ello aprovechará a quien no con prudencia sino a su capricho lo rija todo.

Cuánto mejor se administraría en los asuntos humanos si como el cosmos, en el que unos elementos sintonizan con los demás para mantenerse en orden por un eterno pacto, así en los estados permaneciera toda la legítima autoridad; al pueblo se le concediera lo que es justo, al senado y al magistrado cuanto su sabiduría, las leyes y su equidad permitieran; a los obispos y sacerdotes se les mantendrá su dignidad y a los monjes se les reconocerá lo debido.

Esta armoniosa discordia y variedad en la misma finalidad, más fielmente preservarían la estabilidad de la república que ahora en que cada cual intenta aprovecharse de todo para su provecho.

Ni la familia, en verdad, puede mantenerse si el marido no cede parte de su responsabilidad a la esposa; si se hace discriminación entre libres y siervos; si los siervos son tratados como jumentos y no como hombres; y, finalmente, si establece discriminación entre siervo y siervo, y si los que trabajan con generosidad no obtienen benignidad y, como premio de su trabajo, puedan esperar su libertad.

Quizá alguien diga: "¡Tú, profeta de la desgracia! ¿Por qué hablas de los impresores?." Porque mucha parte del mal lo lleva consigo la licencia no penada de éstos. Llenan el mundo de libros, no diré ya sobre pobres niñerías, cual yo quizás escriba, sino de libros necios; ignorantes, maldicientes, infames, airados, impíos, y sediciosos; el conjunto de ellos hace que se pudra hasta el fruto de los libros saludables.

Algunos editan libros anónimos o, lo que es más infame, bajo seudónimo. Si se les coge, responden: "Denme pan para alimentar a mi familia y no imprimiré tales libros."

Con la frente más alta el ladrón, el impostor o el alcahuete podrían decir: "Dame para vivir y abandonaré estas mañas"; como si fuese más leve crimen quitar ocultamente los bienes ajenos que abiertamente la fama ajena o, aunque sin violencia, por el dinero, abusar de tu cuerpo o del ajeno no fuese mas leve que atentar contra la vida de otro y su fama, más estimable incluso que su vida.

Pero dejemos las quejas. Vamos a mostrar el remedio. Se remediaría el mal si los príncipes y magistrados procuraran, en cuanto fuera posible, eliminar a los ociosos que generan principalmente las guerras mercenarias; después, para los desalmados que no se dejan refrenar por la razón ni por el pundonor, las leyes mantengan el látigo preparado para cambiarles a mejor.

Por otra parte, a los que buscan el bien de la sociedad, cuando les faltan las fuerzas, les socorran con subvenciones por parte de los príncipes, obispos, abades o del erario público. Pues no se puede esperar que cumplan tales deberes los negociantes que se entregaron a Mammón[1]. Quien por levantar un altar o un sepulcro, quien cuelga un cuadro o erige una estatua se promete renombre famoso para la posterioridad, siendo que tendría más viva fama si la prepararse por este otro camino.

De entre muchos pondré un ejemplo:

Ningún otro más diestramente versado en el comentario de las Sagradas Escrituras que San Juan Crisóstomo ni escritor alguno más adecuado para aquellos que se preparan a la tarea de predicar.

De sus muchos escritos en buena parte tenemos traducciones asequibles, pero demasiados escritos suyos están tergiversados e incluso mezclados y confusos, de tal modo que poco queda del Crisóstomo en ellos.

---

1 Mammón: Dios asido que gobernaba las riquezas. Es la personificación de la riqueza, el ídolo del dinero. En Lc, 16, 9 Mammón se relaciona con la riqueza injusta. Milton en *El Paraíso perdido*, lo enumera entre los ángeles rebeldes.

Cuánta luz llegaría a los estudios teológicos si este gran doctor lo tuviésemos todo completo en griego o al menos lo tuviésemos expresándose en latín con la misma corrección que su expresión griega[1].

No es momento ahora de recordar de cuántas manera los magnates despilfarran su dinero; cuánto malgastan en juegos, prostitutas, bebida, viajes banales, desfiles suntuosos, guerras provocadas por una nadería, desmesuradas aspiraciones, bufones y comediantes. Al menos una parte de todo esto, que tan vergonzosamente despilfarran, podría dedicarse a la utilidad pública, a su propio buen nombre, o a ambos al mismo tiempo.

¿Quién de los hombres cultos no ayudaría a Aldo en sus empresas? ¿Quién no pondría a su disposición algo para aligerarle el ímprobo trabajo? ¡Cuántas veces le llegaron de Hungría y Polonia antiguos manuscritos para publicarlos! ¿Acaso fue sin pagarlos? Lo que Aldo emprendió en Italia —pues él ha muerto en el entretanto—[2] prosigue en su taller gozando de buen renombre y lo mismo emprende mas allá de los Alpes Juan Froben, con no menos empeño que Aldo y con parejo éxito, pero no se puede negar que con menos ganancias. Si buscamos la razón, la principal entre muchas otras es que no es igual el entusiasmo espiritual entre nosotros que entre los italiano, al menos en lo que respecta a la literatura.

Me permito decir bien alto mis propias experiencias. Cuando en Italia, yo, un holandés, edité mi obra de Adagios, cuantos eruditos allí había me ofrecían de buen grado los libros de autores todavía no divulgados por la imprenta que sospechaban podría yo utilizar.

Aldo me hizo totalmente participe del tesoro de su biblioteca. Lo mismo hicieron Juan Lascaris, Bautista Egnatius, Marco Masurus, fray Urbano. Recibí ayuda de algunos que no había conocido personalmente y aun no de nombre.

---

1   La edición grecolatina la preparó Erasmo en 1530 para la imprenta de Froben (Basilea).
2   Aldo Manuzio murió en 1515.

A Venecia sólo llevaba conmigo la confusa y desordenada materia de mi futura obra y esto de autores publicados hasta entonces.

Al mismo tiempo fuimos arrastrados por mi gran temeridad los dos, yo a escribir, Aldo a imprimir. El trabajo completo estuvo realizado más o menos en nueve meses y en el transcurso de este tiempo empezaron mis dolores por las nefastas piedras que hasta entonces no había advertido.

Así pues, imagínate que gran parte hubiera perdido de mi trabajo si los eruditos no me hubiesen provisto de libros manuscritos.

Entre ellos estaban las *Obras* de Platón en griego, las *Vidas* de Plutarco, las *Obras morales* del mismo, que al acabar mi obra se empezaron a imprimir,[1] el *Deipnosofista* de Ateneo, Aftonio, Hemógenes con sus comentarios, la *Retórica* de Aristóteles con anotaciones de Gregorio Nacianceno, todo Arístides con comentarios, breves comentarios sobre Hesíodo y Teócrito, comentarios de Eustacio a todo Homero, Pausanias con cuidados comentarios, una colección de Proverbios bajo el nombre de Plutarco, otra con Apostolio como autor, de cuya obra me hizo una copia Jerónimo Alexander.

Había otras obras más pequeñas que no recuerdo o que no es importante reseñar. Ninguna de ellas había sido llevada a la imprenta hasta entonces.

Ahora, por el contrario, quiero contarte la ingenuidad de cierto amigo de este lado de los Alpes al cual tenía y sigo teniendo entre los mejores; aunque bien es verdad que de los amigos es conveniente conocer los errores pero no odiarlos a ellos.

Cuando preparaba mi edición veneciana por casualidad vi en su casa un "Suidas", en cuyos márgenes había proverbios anotados. Era una labor ingente hojear sus muchas páginas. Deseando dedicar poco tiempo a este trabajo, le pedí me prestara el ejemplar unas pocas horas, mientras un joven aprendiz transcribía las anotaciones a mi propio manuscrito.

---

1 Se imprimieron en 1509.

Me dijo que no cuando lo pedía una y otra vez más. Como ningún ruego convincente le hice llegar y para no suplicar más, le pregunté si acaso tenía él la intención de publicar los proverbios; yo de buen grado le cedería el paso a él que este trabajo prepararía más adecuadamente; aseguró que no era el caso. Finalmente, como movido por un sufrimiento, confesó que ahora ya se editan por doquier para el vulgo todo lo que había provocado hasta ahora la admiración de los eruditos.

¡Por eso lloraba!

Se ocultan en los conventos y monasterios alemanes, franceses, ingleses vetustísimos manuscritos de los cuales no hacen partícipes de buen grado sino a muy pocos; si lo solicitan, los ocultan o niegan tenerlos o cobran su utilización a precio vergonzoso, diez veces más cara que el valor de los manuscritos solicitados.

Por último, escrupulosamente guardados la carcoma y la polilla los echan a perder o se los llevan los ladrones[1].

Los grandes señores favorecen los intereses literarios con tan poca generosidad porque piensan que no hay dinero más inútil y perdido que el destinado a tal uso; nada les place en absoluto ni les aporta alguna ganancia. Si los príncipes cisalpinos protegiesen las nobles empresas con el mismo entusiasmo que lo hacen los italianos, las "serpientes" de Froben tendrían los mismos éxitos que los "Delfines" de Aldo. Éste, con el lema *Festina lente* se ha creado no menos ganancias que renombre, digno merecedor de ambas cosas; Fobren, que mantiene erecto su báculo, que busca sólo la utilidad pública, que no se aparta de la sencillez de la paloma, que la prudencia de las serpientes la manifiesta más en su marca que en los hechos, es más famoso que rico.

Pero acabamos ya con los excursos; volvamos de nuevo a la explanación de nuestro adagio. De tres formas se puede utilizar el proverbio.

---

1 Mt. 6, 19.

Primera forma: cuando se aconseja deliberar largamente antes de emprender un asunto y una vez tomada la decisión hay que obrar rápidamente; así al ancora corresponde la lentitud en el consultar y al delfín la celeridad en el ejecutar. Vienen al caso aquellas palabras de Salustio:

Antequam incipias, consulto, ubi consulveris, mature facto opus est[1]

«Antes de empezar una acción es necesario deliberar; y una vez que se ha deliberado, importa ejecutar con rapidez.»

Esta sentencia la reseña Aristóteles en el libro sexto de la Moral como conocida por todos, cuando escribe:

"La deliberación requiere mucho tiempo y se dice que debemos poner en práctica rápidamente lo que se ha deliberado"[2]

Según Laercio[3] esta frase proviene de Bías quien solía aconsejar:

Βραδέως ἐγχείρειν τοῖς πραττομένοις, ὃ δ' ἂν ἕλῃ, βεβαίως τηρῶντα διαμένειν

i.e. *Cunctanter aggrediendum negotium, verum in suscepto constanter perseverandum.*

"Hay que emprender un negocio detenidamente, pero llevarlo hasta el fin con energía y tenacidad."

A ello acude también el título de aquella farsa, creo que de Publio:

Diu apparandum esse bellum ut vincas celerius

"Largamente se ha de preparar la guerra para vencer rápidamente"

Y aquella otra:

Deliberare utilia, mora tutissima est

"Deliberar es útil, deliberar mucho es lo más seguro"

A esto se puede añadir aquel refrán:

ἐν νυκτὶ βουλή

i.e. *In nocte consilium*

"En la noche consultar"

Además, también el verso de Sófocles en *Edipo rey*:

---

1   Salustio, Catilina 1, 6.
2   Aristóteles, Moral a Nicómaco, 6p, 1142b, 4 ss.
3   Diógenes Laercio I, 87.

Φρονεῖν γὰρ οἱ ταχεῖς οὐκ ἀσφαλεῖς¹
i.e."Periculosa est praepropera prudentia"
Además se podrían agregar las palabras de Platón que anteriormente hemos citado:
"Quien de principio apresuradamente corre demasiado, llega el último a la meta"²
Poco difiere, y por ello debe incluirse en este apartado, lo que dice Quintiliano:
Praecox illud ingeniorum genus non temere pervenire ad frugem
"Los ingenios precoces llegan a dar fruto no sin dificultad"³
Y lo que vulgarmente se dice cuando hay niños precoces:
"Niños listos, viejos tontos"
Lo cual parece aprobar Accio, quien citado por Gelio, afirma que en los jóvenes talentos, como en los frutos no maduros, le gusta cierta acidez; pues más adelante maduran; finalmente la madurez conlleva el sabor dulce apropiado, pero los demás se pudren antes de tiempo.

Segunda forma de uso: cuando se aconseja que las pasiones del alma deben moderarse con las riendas de la razón. Platón divide el alma humana en tres partes: la razón, la iracundia y la pasión y cree que la finalidad de la filosofía es que las pasiones obedezcan a la razón como un rey que tiene su sede en el cerebro, como su propio castillo. Los peripatéticos, con Aristóteles al frente, piensan que las pasiones son los ímpetus del alma, o estímulos naturales con los que somos incitados a practicar la virtud, aunque este concepto lo repiten los estoicos y particularmente Séneca en el libro *Sobre la ira* que dedicó a Nerón⁴.

Creen, sin embargo que las pasiones de esta clase no llevan a la virtud sino que la obstaculizan; aunque, ciertamente, no pueden

---

1 Sófocles, *Edipo rey* 617.
2 Platón, *La república*, l0p, 6113b.
3 Quintiliano, *Instituciones oratorias* 1, 3, 3.
4 Séneca, *Diálogos* 3, 10, 17, *Sobre la ira*, no está dedicada a Nerón sino a Novato, hermano de Séneca.

negar que sólo en el alma de su imaginario sabio están presentes, al menos en el comienzo, las pasiones que se anticipan a la razón y que ellos no pueden eliminar de raíz; pero la razón las tiene a raya y obstaculiza para que no se ceda ante ellas. Esto mismo insinúa Homero cuando en el libro primero de *La Ilíada*, Palas se coloca detrás de Aquiles y retiene su mano a punto ya de golpear con la espada[1]. Por eso, llamaríamos correctamente "Delfín" a los movimientos y "Ancora" a la sabiduría que refrena.

Séneca escribió que nada sino a la ira es conveniente el detenimiento. Es más cuando odiamos o deseamos intensamente es entonces necesaria la dilación. Plutarco, en los *Apotegmas de los romanos*, cuenta que el filósofo Atenodoro, debido a su ancianidad, pidió a Octavio Augusto licencia para volver a su casa y, al mismo tiempo, le aconsejó al emperador que no hablase ni obrase indignado sin antes escribir el nombre de cada uno de los veinticuatro caracteres del alfabeto griego. Escuchando lo cual, le respondió Octavio Augusto que todavía necesitaba su ayuda para aprender el arte de callar y con este pretexto retuvo a aquel hombre todo el año cerca de sí[2]. Con esto están relacionadas las palabras de Terencio:

Vide, ne nimium calidum hoc sit modo[3]

"Mira que no sea cosa demasiado temeraria."

Hay personas que necesitan espuelas, otras necesitan freno. Por ello los antiguos romanos quisieron sensatamente que el áncora fuera rodeada por el delfín, porque conviene que la una modere al otro y ambos estén unidos en armonía, cual, piensa Platón, se forma entre la música y la gimnasia y se ejecutan al unísono[4].

Tercera forma de uso: si aconsejamos en todo negocio, evitar la rapidez precipitada, vicio tan corriente en algunos caracteres que, en cualquier situación, un pequeño retraso les parece la eternidad.

---

1 *La Ilíada* I, 193 ss.
2 Plutarco, *Máximas de reyes y generales*, p 207, c.
3 Terencio, *Eunuco*, 380.
4 Platón, *La república*, 3, 10 ss., p 398 a 412 b.

De tales prisas suelen ser compañeros el error y el arrepentimiento, según el conocido verso griego:
> Προπέτεια πολλοῖς ἐστὶν αἰτία κακῶν
> «Para muchos la precipitación es la causa de sus males»

A estos tales se les pueden aplicar el dicho de Catón:[1]
> *Sat cito, si sat bene*
> Nunca es tarde si la dicha es buena

Del cual hizo mención San Jerónimo cuando escribió estas palabras a Pammaquio:
> "Conocido es el dicho de Catón, del cual nosotros nos reíamos cuando, adolescentes, lo oíamos decir a un buen orador en propia presentación. Creo que te acordarás de nuestro error, cuando toda la clase gritaba a voces el atenaico (*¡Sat cito, si sat bene!*)."

Hasta aquí San Jerónimo.

El refrán importa a aquellos que buscan llegar rápidamente a la fama y la prefieren ilusoria y grande, mejor que sólida y verdadera. Pues todo lo que madura rápido también se marchita rápido; lo que poco a poco crece es duradero.

Así Horacio:
> *Crescit occulto velut arbor aevo fama Marcelli*[2]
> "Crece, como el árbol en el oscuro seno del tiempo, la fama de Marcelo."

Píndaro en *Las Nemeas*, himno VIII:
> "Igual que cuando nutrido del rocío fresco un árbol puja, acrece la virtud en las sabias y justas sentencias de varones, alzada al húmedo cielo"[3]

En definitiva, a quienes pecan de indolencia o de inmoderado ímpetu, convendría recordarles el lema de Octavio Augusto σπεῦδε βραδέως (Festina lente), símbolo en otro tiempo de Tito Vespasiano y ahora de Aldo, para que se acuerden del "Delfín" y del "Ancora."

---

[1] Catón, *Dichos*, 8.
[2] Horacio, *Odas*, 1, 12, 45 ss.
[3] Píndaro, *Las Nemeas*, 8,40 ss.

🔖 Juramento de amor
Venereum jusjurandum

Ἀφροδίσιος ὅρκος οὐκ ἐμποίνιμος i.e. *Venereum jusjurandum non punitur.*
El juramento de amor no se castiga. El sentido es que el juramento de los amantes no compromete y que tampoco a los dioses interesa su cumplimiento por ser como un juego. Según el testimonio de Ovidio Nasón:

> *Júpiter ex alto perjuria ridet amantum, et jubet Aeolios in freta ferre notos*[1]
> "Júpiter desde lo alto se ríe de los perjurios de los amantes y ordena a los vientos Eolios tirarlos al mar."

Y Horacio:

> *Ridet hoc, inquam, Venus ipsa, rident simplices Nymphae*[2]
> "Sí, Venus misma se ríe de ellos y ríen las sencillas Ninfas"

Tibulo:

> *Perjuria ridet amantum Jupiter et ventos irrita ferre jubet*[3]
> "De los perjurios de los amantes se ríe Júpiter y ordena que los vientos se los lleven sin efecto."

Recuerda este adagio Platón en *El banquete*:

> "Y lo que es más extraordinario, según dice la mayoría, es que incluso cuando jura, es el único que obtiene el perdón de los dioses, si infringe los juramentos, pues afirman que el juramento de amor no es válido. De esta manera, los dioses y los hombres han concedido toda libertad al amante."[4]

En las palabras de Platón parece que falta la palabra ἐμποίνιμον, "digno de castigo"; οὔ φασιν εἶναι ἐμποίνιμον seria expresión completa: "no es, dicen, digno de castigo."

---

1 Ovidio, *Arte de amar* I, 633 ss.
2 Horacio, *Odas* II, 8, 13 ss.
3 Tibulo, *Elegías* VI, 49 ss.
4 Platón, *El banquete,* p 183b.

Lo recuerda también Procopio[1] en la última carta a Epifanio: "Este proverbio conoce muy bien el amor de los amantes: aunque llegasen a jurar en falso, el perdón les esta prometido por los dioses."[2]

Platón en *Filebo*, según Ateneo, libro XII:
"Según el dicho, incluso en los placeres del amor, que son al parecer los mayores, los dioses perdonan el perjurio, en la idea de que, como niños, los placeres no tienen ni chispa de juicio"[3].

Se cita lo mismo en los Epigramas de Calimaco:
Ὤμοσεν, ἀλλὰ λέγουσι θεατοὺς ἐν ἔρωτι
ὅρκους μὴ δύνειν οὔατ' ἐς ἀθανάτων[4]
i.e. *Juravit, verum vulgo dicunt, in amore quod juras, aures non penetrare deum.*
"Lo ha jurado. Pero dicen verdad: los juramentos de amor no penetran los oídos de los inmortales."[5].

El primer verso no carece de errores.

El valor de esta expresión se puede extender a cualquier promesa a la cual no parece que sea obligado prestar fidelidad.

🪶 Siempre es fiesta para los holgazanes
Ignavis semper feriae sunt

De los que se entregan al ocio se dice que "hacen fiesta" (*feriari*) y de los ociosos que "están de fiesta" (*feriati*) y del tiempo del ocio "tiempo de fiesta" (*feriae*); dichas metáforas han llegado a ser proverbios.

Teócrito dice en las Bucólicas:

---

1 Procopio (500-562 d.C.), historiador griego bizantino, secretario de Belisario. Escribió *Historias de las guerras de Justiniano*, y una *Historia secreta*, con infamantes comentarios sobre la vida moral de Teodora.
2 Procopio, *Cartas*, 141.
3 Platón, *Filebo*, p 65c.
4 Calimaco, *Himnos* XXV, 3 ss.
5 El sentido de la cita seria: "La gente dice la verdad."

Ἀεργοῖς αἰὲν ἑορτά[1]
i.e. *Semper feriae inertibus*
"Siempre es fiesta para los desocupados."
En las fiestas incluso los gentiles se abstenían de negocios profanos. Los que suelen huir del trabajo ansian días festivos en que se puede estar ocioso y entregarse a la comida y a los placeres. Es cierto que antiguamente se concedía a los campesinos algunos días festivos para que con la diversión se rehiciesen del cansancio. Implicaron es esto a la religión para poner limite a las diversiones.

Pero hoy el pueblo cristiano en los días de fiesta, en otro tiempo dedicados a actos piadosos, abusa en la bebida, en prostitutas, en juegos de azar, en peleas; en ningún otro tiempo se cometen más infamias que en éste en que más tendrían que estar ausentes; jamás en cualquier otra ocasión imitamos más a los gentiles que en aquellos días en los que seria más oportuno obrar como cristianos.

Y aunque es manifiesto que aquella realidad ideada para ayudar a la religión se ha convertido en su ruina, sin embargo, no sé con qué idea los Papas añaden fiestas a las fiestas, siendo así que mejor sería imitar a los médicos que según la clase de enfermedades cambian los remedios, tan sólo teniendo como finalidad de devolver la buena salud.

Y por ello, consideran que algo, establecido en otro tiempo por razones favorables, se convierten ahora, cambiadas las costumbres de los cristianos en perdición de la religión, ¿qué escrúpulo hay en cambiar lo establecido por la misma razón por la que los antiguos la establecieron?

Cuanto opino de los días festivos lo afirmo igualmente de otros muchos asuntos; no porque crea que deban ser condenadas las fiestas cristianas sino que no quisiera que crecieran exageradamente y las pocas que instituyó la autoridad de los antepasados se conviertan de nuevo en lo que fueron al establecerse. Pues, en realidad, para los verdaderamente cristianos todos los días son

---

[1] Teócrito, *Idilios* 15, 26 (Las siracusanas).

festivos; pero para los malos, que son muchedumbre incontable[1] los días festivos son menos sagrados que los laborales.

Pero volvamos a nuestro proverbio: muy bien se aplica aquellos que siempre tienen excusas para no hacer nada como, por ejemplo, quienes si el estudio no les es agradable ponen por excusas muchas veces las salud, otras, las ocupaciones domésticas; unas veces le es obstáculo el rigor del invierno, otras, el calor del verano, a veces las tormentas del otoño o quizás les aparta de los libros el encanto de la primavera que tan pronto pasa.

Después de comer dicen que no hay nada que hacer con los libros antes de que el estomago haya hecho la digestión; antes de comer les obstaculiza el hambre que les quita el deleite.

Afirman que a la luz del día es inútil quedarse en casa; por lo demás velar con un candil es dañino para los ojos.

Si los recursos familiares son suficientes ¿para qué, dicen, hacen falta los estudios? Si les faltan, afirman que el pobre no tiene tiempo para filosofar.

De ninguna manera, aseguran, ha de dedicarse la flor de la juventud a las preocupaciones de los viejos ni, más viejo, malgastar en ello la salud.

ᛣ La guerra sin lágrimas
Bellum handquamquam lachrymossum

Ἄδακρυς πόλεμος, *Bellum lachrymis carens*. La guerra carece de lágrimas cuando la victoria se consigue sin muerte ni sangre, cuando alguien se desembaraza de cualquier asunto peligroso de tal manera que ha salido sin ningún mal o cuando los pendencieros pelean entre sí con palabras y no se suscita sin ningún peligro de llegar a las manos o cuando la riña se desarrolla de tal manera que a ninguna de las dos partes ocurre daño alguno como sucede en

---

[1] Virgilio, *La Eneida* VI, 6 11.

las controversias literarias en las que el vencido sale más sabio y el vencedor más amigo.

El dicho proviene, dicen, de un viejo oráculo de Dodona con el que se respondió a los lacedemonios que iban a pelear contra los arcadios.

ἄδακρυν πόλεμον ἔσεσθαι
i.e. *Bellum sine lachrymis futurum*
"La guerra será sin lágrimas."

Alcanzaron después la victoria sin que ninguno de ellos en absoluto cayese muerto.

De la misma manera nosotros llamamos *incruentam victoriam* (victoria incruenta) cuando se alcanza sin muerte alguna y los griegos decían ἀναιμωτὶ νικᾶν (vencer sin llegar a la sangre).

Plutarco en el comentario "Sobre la fortuna de los romanos" llama ἄδακρυν νικήν (victoria sin lágrimas)[1] a la victoria que Paulo Emilio alcanzó sobre Perseo.[2]

Se cita también el proverbio de esta manera:

Ἀναίμακτον ἔστησε τρόπαιον
"Alcanzar un trofeo incruento."

Es célebre también entre los oráculos de Pitaco aquel que decía:

Δεῖν τὰς νίκας ἄνευ αἵματος ποιεῖσθαι
i.e. *Oportere victorias citra sanguinem fieri*
"Las victorias han de alcanzarse sin derramar sangre."

Lo testifica Laercio.[3]

No es diferente lo que encuentro en los *Comentarios griegos*:

Πόλεμός τις ἀσίδηρος ἀνὰ τὴν Ἑλλάδα κεκίνηται
i.e. *Bellum quoddam absque ferro motum est in Graecia*
"Una guerra sin sacar la espada se ha levantado en Grecia."

---

1 Plutarco, *Sobre la fortuna de los romanos* 4p 318 b.
2 Perseo, rey de Macedonia (179-166 a.C). No quiso acatar las exigencias romanas que restringían su libertad. Roma envió un ejército —indisciplinado e incompetente— que no alcanzó sus objetivos. Finalmente, Roma envió al general Emilio Paulo que derrotó a los macedonios en Pidnia (168 a.C.).
3 Diógenes Laercio, *Vida de filósofos ilustres* I, 77.

Se está hablando, pues, de la guerra que se lleva a cabo con la palabra no con las armas, ya que en definitiva es la única guerra de hombres razonables.

Y sin embargo, nadie podría creerlo, si no lo viésemos con nuestros propios ojos, cuánto agrada a los príncipes cristianos promover guerras. Se combate con máquinas tales cual nunca pudo imaginar la fiereza pagana o barbarie alguna[1].

Es más: hay entre los germanos, un pueblo cuya principal gloria es haber destrozado con la espada a muchos mortales, lo cual es tan cruel en sí mismo como monstruoso cuando lo hacen llevados por el afán de una recompensa como un vulgar carnicero alquilado para la matanza.

Finalmente estas expresiones proverbiales serian más importantes si se amplían, por ejemplo, a los litigios forenses, contiendas o cualquier querella de esta clase.

ᛗ Carta de Belerofonte
Bellerophontes litteras

Βελλεροφόντης τὰ γράμματα i.e. *Bellerophontes litteras* (carta de Belerofonte)... sobreentiendo algún verbo apropiado a la expresión: «Trae» o algún otro. Este proverbio tiene su aplicación cuando alguien presenta como recomendación cartas que han sido escritas en realidad contra él mismo; corrientemente se les llama *litteras Uriae* (Cartas de Uria) cuya historia contada entre los hebreos es parecida[2].

La historia de la carta de Belerofonte la recuerdan así los griegos: Belerofonte después de matar a Belero, saliendo de su exilio en Argos, llegó a Tirinto y disfrutó de la hospitalidad del rey Preto.

Entonces Antea, esposa del rey, cautivada por el amor del joven, incitábale al adulterio y le ofreció sus encantos. Como él rechazase acción tan vergonzosa, movido, a saber, por el respeto del deber de

---
1 ¡Pobre imaginación de Erasmo! No podría imaginar la espantosa capacidad bélica de destrucción, ni la macabra crueldad de toda ralea de mercenarios.
2 Samuel 11.

la hospitalidad, ella adelantándose, cambiando su amor de mujer en odio, a escondidas denunció a Belerofonte ante su marido como si él le hubiese insinuado el adulterio.

Habiéndole convencido, instigaba con todas sus fuerzas el ánimo del rey a dar muerte al joven, recitándole al oído una y otra vez el verso de Homero:

Τεθναίης, ὦ Προῖτ', ἢ κάκτανε Βελλεροφόντην[1]

i.e. *Aut morere, Proete, aut interfice Bellerophontem*
"Ojalá mueras, Preto, o mata a Belerofonte."

Así pues, Preto con ingenio digno de un rey y, utilizando la palabra de Homero ἀγκυλομῆτις (astuto), envió a Belerofonte, con un encargo como pretexto, a la hospitalidad de Yobates entregándole una carta de recomendación. En ella pedía a Yobates que fuese como fuese quitara de en medio al joven.

Belerofonte, como la inocencia nunca es suspicaz, entregó la carta recibida tal como fuera sellada. Cuando Yobates la hubo leído, para cumplir la voluntad de Preto, concibió un plan para hacer morir al joven de manera honrosa.

Es casi siempre costumbre de los príncipes perversos obrar así. Espolea el ánimo del joven, ya de por sí belicoso, a poner a prueba sus fuerzas y alcanzar la gloria.

En primer lugar le persuade a combatir con la quimera, un monstruo de triple aspecto:

Prima leo, postrema draco, media ipsa chimaera[2]
"Con la cabeza de león, con la cola de dragón, el cuerpo la misma quimera", es decir, la cabra.

Belerofonte montado en un caballo alado la atravesó con la danza y la mató.

Después expuso al joven a diversos peligros, de todos los cuales retornó victorioso y el rey admirado y deduciendo su inocencia

---

1 *La Ilíada* VI, 164.
2 Lucrecia, *De la naturaleza de las cosas* V, 905, *La Ilíada* VI, 181.

por estos éxitos, le dio a leer la carta de Preto, le reconoció como yerno y al morir le entregó la sucesión en el trono.

Por ello, de quien imprudente habla o hace algo con lo que el mismo se traiciona, se dice con razón que trae Βελλεροφόντης τὰ γράμματα (Carta de Belerofonte); igualmente se dice cualquiera que sufre por razón de su cargo.

> Este adagio lo reseña Zenódoto:
> "Cállate. No lo dice nadie. Son estas tablillas que tu has traído las que te acusan. Mira, son ellos los que ordenan atarte. ¡Ay! Tu hijo hizo de ti un Belerofonte"[1]

El adagio aparece de esta forma:

Βελλεροφόντης κατὰ σ' αὑτοῦ

i.e. *Belerophontes adversus se ipsum*

"Belerofonte contra sí mismo"

Luciano, en la *Apología de los que están a sueldo*:

> "Parecerá que has escrito contra ti mismo un libro Belerofonte"[2]

Con astucia semejante el rey Farnabazo engañó a Lisandro. Lo cuenta Plutarco en la vida de Lisandro[3].

ৡ Que odien con tal que teman
Oderint, dum metuant

Que odien con tal que teman: frase de los tiranos tomada de la tragedia y utilizada por todos los escritores, especialmente familiar es a Marco Tulio[4] la cual se encuentra también en el lenguaje popular como lo indica Séneca *Sobre la clemencia*, libro segundo; escribe allí:

> "Muchas grandes frases aunque detestables son tenidas por verdaderas en la vida de los hombres y se transmiten con frecuencia de boca en doca, como aquella *Oderint dum metuant*

---

1 Plauto, *Báquides*, 808.
2 Luciano, *Apologia de los que están a sueldo*, 3.
3 Plutarco, *Lisandro* 19 ss.
4 Cicerón, *Filipinas* I, 14, 34; *Deberes* I 28, 97.

(Que odien con tal que teman). A esta frase, dice, semejante es el verso griego en que alguien ordena que cuando él muera se consuma en llamas la tierra"[1]

El mismo Séneca en *Sobre la ira*, libro primero:
"Por los encolerizados son pronunciadas algunas expresiones que parecen a quienes ignoran la auténtica magnanimidad, salidas de un gran corazón, cual aquella espantosa y abominable: 'Que odien con tal que teman'. Sábela escrita en la época de Sila"[2].

Quizás podría usarse este adagio por broma; como si alguien superior en erudición hablando de sus enemigos ocultos que por miedo no se atrevan a chistar, diga: *Oderint dum metuant*.

Se aplica incluso a los ricos que dicen aquello de Horacio:
Populus me sibilat, at mihi plaudo
ipse domi simul ac nummos contemplor in arca[3]
"El pueblo me silba, pero yo me aplaudo en casa, mientras contemplo mis dineros en el arca."

Igualmente repiten aquello de Juvenal:
Tunicam mihi malo lupini
quam si me toto laudet vicinia pago"[4]
"Más quiero la vaina de un altramuz que no la vecindad me alabe"

❧ Las yacijas de Formión
Phormiontis thori

Στιβάδες Φορμίωνος i.e. *Thori Phormionis*. Yacijas de Formión: lechos sórdidos y primitivos, nada delicados, cual son los jergones militares o como el que se fabricó, según Homero, Ulises para sí mismo con vástagos de árboles entrelazados y debajo ramas extendidas por el suelo.

Se cuenta así en Suida.

---
1   Séneca, *Sobre la clemencia* II, 2, 2.
2   Séneca, *Diálogos* III, 20, 4.
3   Horacio, *Las sátiras* 1, 1, 66.
4   Juvenal, *Las sátiras*, XIV, 153.

Formión ere un jefe militar de reconocida paciencia en soportar las incomodidades de la milicia, según deduzco.

Se puede aplicar también este dicho en un sentido más amplio a cualquier asunto de cierta dureza.

Figura en *La paz*, de Aristófanes:
"¡Ojala me fuera dado poder ver ese día! Que ya he soportado muchos pesares y aquellos lechos de paja como tenía Formión"[1]

Son versos del coro y por eso los traduzco en prosa.

☙ Un laberinto
Labyrinthus

Λαβύρινθον i.e. "labyrinthum" (un laberinto) llamaban en otros tiempos a una expresión o a cualquier otra cosa confusa y embarullada.

Como si alguien llamara "laberinto" a la dedicación a la filosofía, porque una vez introducidos es imposible liberarse de ella; o llamase "laberinto" a la avidez de placer porque la entrada es fácil, la salida muy difícil.

La palabra está tomada del laberinto de Dédalo, antro retorcido indesentrañable por su complicada maraña que las fábulas colocan en Creta, en el cual se escondía Minotauro.

Suidas deriva la palabra de παρὰ τὸ μὴ θύραν λαβεῖν i.e. *quod ostium non habeat* (que no tiene puerta)[2], dando a entender que se aplica a los charlatanes y dicharacheros que no encuentran el fin de su habladuría una vez que la han empezado.

Gregorio el Teólogo en su carta a Eusebio de Cesarea lo utiliza contra un embustero:

"Porque hablo con alguien que no sólo odie la mentira sino que también pueda descubrirlas en otros rápidamente, aunque la envuelvan en astutos y embarullados laberintos"[3].

---

1   Aristófanes, *La paz*, 346 ss.
2   Λαβεῖν θύραν →λαβινθρα
3   Gregorio Nacianceno (llamado el Teólogo, Padre de la Iglesia griega), *Cartas*, 16.

Algo parecido era un meandro; éste era un estilo de pintura creado a partir del laberinto como modelo; todavía los vemos en algunos pavimentos.

Utiliza Prudencio esta palabra en el poema cuyo inicio es *Cultor Dei*:
O tortuosa serpens
qui mille per meandros
fraudesque flexuosas
agitas quieta corda[1]
"¡Oh sinuosa serpiente!
que por mil meandros
y perfidias tortuosas
perturbas los tranquilos corazones"

De aquí recibe su nombre el Meandro, río de Lidia, porque discurre tortuoso.

❧ El vestido hace al hombre
Vestis virum facit

Εἵματα ἀνήρ i.e. *Vestis vir*. El vestido, el hombre. Hoy en día esto es entre el pueblo lugar trillado. Y la expresión de este modo:
Vestis virum reddit, qui habet, induat.
"El vestido hace al hombre; quien lo tenga que se lo ponga"[2].
Esto afirma Quintiliano en el libro octavo de las *Instituciones*.
"El modo de vestir —dice— moderado y al mismo tiempo vistoso añade autoridad a los hombres, como nos lo atestigua un verso griego"[3].
Este verso que también cita Fabio, opino, es aquel de Homero en el libro VI de *La Odisea*:
Ἐκ γάρ τοι τούτων φάτις ἀνθρώπους ἀναβαίνει ἐσθλή[4]
i.e. *Quippe homini ex istis surgit bona fama decusque*

---
1 Prudencio (poeta latino cristiano, español, s. IV). *Cultor Dei* 6, 125.
2 "Vestido", sobreentiéndase hermoso, vistoso, espléndidos.
3 Quintiliano, *Instituciones oratorias* VII, Proemio 20.
4 *La Odisea* VI, 29 ss.

"Se alcanza buen renombre con vestidos preciosos."
Un poco más abajo en el mismo libro, para indicar cuánto importa el cuidado del vestido para armonizar la belleza y la dignidad, hace decir a la joven Nausica las siguientes palabras sobre Ulises: "Antes, cierto, noté su fealdad, más paréceme ahora dios de entre aquellos que ocupa la anchura del cielo"[1].

Antes Ulises estaba desnudo, ahora se ha puesto espléndidos vestidos y pronto pareció otro hombre:

"Señero después, se sentó en la rompiente, radiante de hermosura y de gracia"[2].

⚘ Las esperanzas sustentan a los desterrados
SPES ALUNT EXULES

Αἱ ἐλπίδες βόσκουσι φυγάδας
i.e. *Spes pasunt exules.*
"Las esperanzas alimentan a los desterrados."
Cuando alguien es arrojado de su anterior fortuna, hace siempre lo posible para que se le restituya.

Proviene este dicho de la humana naturaleza según la cual vemos que nadie va al exilio sin que desee y espere que alguna vez por el derecho de regreso volverá a la patria.

Que sea esto así yo mismo he descubierto por el ejemplo de muchos desterrados, concretamente de Juan Bentivolio de Bolonia, a quien, mientras yo estaba allí, le expulsó el francés por congraciarse con el Pontífice Romano Julio.

Con este mismo sentimiento vivía Ovidio cuando estaba desterrado en Tomi.

Ni si quiera hoy la esperanza ha abandonado a los judíos.

Eurípides da a entender que fue una sentencia proverbial. Es citada por Plutarco en el escrito *Sobre el destierro*:

---
1   *La Odisea* VI, 242 ss.
2   *La Odisea* VI, 236 ss.

Αἱ δ' ἐλπίδες βόσκουσι φυγάδας, ὡς λόγος
καλῶς βλέπουσί γ' ὄμμασιν, μέλλουσι δέ.[1]
i.e. *Spes exules alunt, ut habet adagium oculisque spectant blandulis, cessant tamen.*

"Las esperanzas sustentan a los desterrados, como dice el adagio; miran con tiernos ojos pero a veces se acaban."

✥ Poseen el cinturón de Venus
Cestum habent Veneris

Τὸν Κύπριδος[2] κεστόν (El cinturón de Venus) se dice que poseen quienes de manera sorprendente con zalamerías arrastran a alguien a su amor.

Tomado está de Homero, *La Iliada* XIV, donde Hera deseosa de acostarse con Zeus, se acercó a Venus y le pidió en préstamo el cinturón que consigue los amores apetecidos.

El poeta lo describe de este modo:

"Dijo, y del pecho se desató la recamada correa bordada donde estaban fabricados todos los hechizos: allí estaba el amor, allí el deseo, allí la amorosa plática, la seducción que roba el juicio incluso a los más cuerdos. Se lo puso en las manos, lo llamó con todos sus nombres y dijo: Toma ahora, métete dentro del regazo esta correa bordada en la que todo está fabricado. Y te aseguro que no regresarás sin haber realizado lo que tus sentidos anhelan"[3].

También Teócrito lo menciona en el canto fúnebre por Adonis:

Ζοὶ δ' ἅμα κεστὸς ὄλωλε[4]

i.e. *Tecum una et cestus periit*

"Contigo se perdió el cinturón."

El cinturón de Venus es el medio eficaz para las seducciones del deseo y del amor, con el que se dice que ella misma conquistó a Marte.

---

[1] Plutarco, *Sobre el destierro*, 606 D.
[2] Llama Homer "la cipria" a Venus-Afrodita por su probable procedencia de Chipre.
[3] *La Iliada* X, 214 ss.
[4] (Teócrito) *Bión* 1, 60 (Erasmo lo atribuye a Teócrito).

Marcial lo menciona:
*Collo necte puer meros amores
cestum de Veneris sinu calentem*"[1].
"Rodea tu cuello, niño, con una prenda sincera de amor, con este ceñidor tibio por el regazo de Venus."
El mismo Marcial:
*Sume Cytheriaco[2] medicatum nectare ceston
ussit amatorem baltheus iste Jovem*[3].
"Toma este ceñidor impregnado del néctar de Citerea: esta correa inflamó la pasión de Júpiter."
Incluso otra vez insiste:
A te Juno petat ceston et ipsa Venus[4]
"Que Juno y la misma Venus te pidan el ceñidor.»
Doble sería el uso de esta expresión: Cuando decimos de alguien que es el cinturón de Venus, porque a todos inflama con el deseo de su amor o cuando decimos que haría falta el cinturón de Venus, o que el cinturón ya no le aprovecha a quien por la edad le han abandonado las fuerzas y la belleza por ser ya ἔξωρος (haberle pasado los mejores años) al parecer.

Pues, la florida edad por si misma suscita amores; la vejez debe procurárselos con regalos o con fármacos, aunque ni con estos métodos puede conseguir ser amada.

❦ La gota constante excava la roca
ASIDUA STILLA SAXUM EXCAVAT

ῥανὶς ἐνδελεχούσα κοιλαίνει πέτραν i.e. *Stillicidum perpetuum saxum excavat*. El goteo constante, excava la roca advierte que nada hay tan duro que no se ablande, nada tan arduo que la práctica

---
[1] Marcial, *Epigramas* XIV, 206.
[2] Otra denominación de Venus: Afrodita llegó a la isla de Citera después de nacer de la espuma del mar.
[3] Marcial, *Epigramas* XIV, 207.
[4] Marcial, *Epigramas* VI, 13, 18.

no vuelva fácil, como la gota de agua tan admirablemente tenue y suave hasta la piedra más dura desgasta, lo cual a duras penas el hierro puede conseguir.

Plinio cuenta que se pueden encontrar rocas desgastadas por las patitas de las hormigas, lo cual considera más importante ejemplo para demostrar cuanta fuerza tiene la constancia.

Menandro en *Estobeo*:

Πάντα γὰρ ταῖς ἐνδελεχίαις καταπονεῖται πράγματα[1]

i.e. *Nam vinci solent assiduitate quaelibet negotia*

«Todas las dificultades pueden ser superadas por la constancia.»

Ovidio:

Quid magis est durum saxo, quid mollius unda?

Dura tamen molli saxa cavantur aqua[2]

"¿Qué hay más duro que una roca?

¿qué hay más blando que el agua?

Sin embargo, las duras rocas las agujerea la blanda agua"

Galeno en el escrito Περὶ κράσεων (sobre la temperatura), libro tercero, repite la misma sentencia en verso épico:

"Y así ciertamente parece correcto aquel dicho:

una gotita de blanda agua desgasta la piedra con el constante goteo"[3].

De esto tratan los versos homéricos porque cuando, la copa llena, los demás apenas podían levantarla de la mesa, sólo Néstor fácilmente y sin ningún problema la sostenía siendo muy viejo y muy inferior en fuerzas; pero esto se lo debía al ejercicio constante.

Homero muestra a Néstor como φιλοπότην (bebedor noble).

Los versos de Homero suenan así:

"Cualquier otro a duras penas podía mover la copa de la mesa estando llena, pero el anciano Néstor la alzaba sin fatiga"[4]

Esta sentencia no sólo puede aplicarse a la constancia sino también a que más fácilmente hacemos lo que hacemos a gusto.

---

1 Menandro, *Fragmentos* 526.
2 Ovidio, *Arte poética* I, 475 ss.
3 Galeno, *Sobre la temperatura* 3, 84 Ip, 676.
4 *La Ilíada*, XI, 636 ss.

❧ Muchos mas adoran al sol naciente que al sol del ocaso

PLURES ADORANT SOLEM ORIENTEM QUAM OCCIDENTEM

Πλείους προσκυνοῦσι τὸν ἥλιον ἀνατέλλοντα ἢ δύνοντα i.e. *Pluses adorant solem orientem quam occidentem.* Más adorables hay del sol que nace que del sol que muere. Se simpatiza más con el joven que con el viejo.

Plutarco escribe que Pompeyo amenazó a Cinna[1] con este adagio. Sabía Pompeyo que él era el sol naciente, joven, en efecto, que acrecentaba su fama cada día más. Cinna sol que muere puesto que era ya de edad avanzada y cuya dignidad y gloria iban ya desvaneciéndose.

Por otro lado, lo que Pompeyo era para Cinna, esto fue posteriormente Cayo César para Pompeyo.

Algo semejante cita Ateneo en el libro tercero tomado de cierto poeta:

Οὐκ ἀείδω τὰ παλαιά, καινὰ γὰρ ἅμα κρείσσω, νέος ὁ Ζεὺς βασιλεύει[2]

i.e. *Non cano vetera, nova si quae sunt eadem et meliora sunt, Jupiter, qui juvenis est, regnat.*

"No canto lo viejo; lo nuevo, si lo hay, es ciertamente lo mejor; reina Júpiter que es joven.»

Es costumbre entre los antiguos adorar al Sol que consideraban un dios; especialmente era adorado por los persas con el nombre de Mitra, por los egipcios con el nombre de Osiris, por los griegos con el nombre de Apolo y por otros pueblos con muchos y diversos nombres.

Se veneraba al Sol naciente con gran religiosidad.

Platón refiere que también Sócrates tenia esta costumbre.[3]

---

1   Se trata de Sila, no de Cinna.
2   Ateneo, *Deipnosofistas* III, p 122 cd.
3   Platón, *El banquete*, p 220 d.

Se dice que hasta los elefantes adoran al Sol naciente[1]
El Sol poniente era venerado también, pero por muy pocos.
La vida de cualquier hombre tiene su ocaso; cuando este llega el encanto de la juventud se convierte en fastidio.
Asi a un anciano hace decir Alexis:[2]
Ἤδη γὰρ ὁ βίος οὑμὸς ἑσπέραν ἄγει[3]
i.e. *Mea quippe seram vita ducit vesperam*
"Mi vida esta abocada a la tarde del ocaso."
Tras el ocaso del sol caen las sombras, por ello, Eurípides dice:
Τί δ' ἄλλο; φωνὴ καὶ σκιὰ γέρων ἀνήρ[4]
i.e. *Quid aliud atque vox et umbra vir senex?*
"¿Qué otra cosa sino voz y sombra es un hombre viejo?"

⚜ De la Academia vienes
Ex Academia venis

Ἀκαδημίηθεν ἥκεις. De la Academia vienes: dícese de alguien grave, tranquilo y sabio. Tomado de la escuela de Platón. Aunque por ironía se le puede dar la vuelta para referirse al filósofo orgulloso y de semblante sombrío.

Verdad es que Ateneo en el libro XII da a entender que se decía contra la exagerada elegancia y pulcritud, porque Platón se deleitaba con tales atildamientos[5].

Por ello, Antífanes en un pasaje del mismo Ateneo describió al filósofo demasiado presumido con estas palabras:

Τί μακρὰ δεῖ λέγειν; Ὅλως αὐτὴν ὁρᾶν γὰρ τὴν Ἀκαδημίαν δοκῶ[6]
i.e. *Sed quid necesse est plura dicere?*
Ipsam videre videor mihi Academiam

---

1 Plinio, *Historia natural* 8, 2; Plutarco, ¿Qué animales son más prudentes? 17, 2p, 972b.
2 Alexis (Circa 375-275 a.C.), poeta cómico griego de la comedia Media-Nueva. Vivió en Atenas. De sus obras se conservan escasos fragmentos.
3 Alexis, *Fragmentos* 297.
4 Eurípides, *Fragmentos* 509.
5 Ateneo, *Deipnosofistas* 12p, 545a.
6 Ateneo, *Deipnosofistas* 12p, 545a.

"¿Para qué decir más? Me parece estar viendo la mismísima Academia."

⸎ Escabullirse
Ἐκπερδικίσαι

Ἐκπερδικίσαι es metáfora proverbial con la que los griegos expresan el hecho de "escabullirse" y "escaparse." Aristófanes en *Las aves*:
Ὡς παρ' ἡμῖν οὐδὲν αἰσχρόν ἐστιν ἐκπερδικίσαι[1]
i.e *Quippe apud nos turpe non est suffugere de cassibus*
"Pues para nosotros no es vergüenza alguna huir como una perdiz.»
Hace alusión a las aves que algunas veces se escapan de las redes o los lazos. Se dice que la perdiz tiene una especial habilidad para escaparse de las manos de los cazadores.

Sobre este tema quisiera suscribir las palabras de Aristóteles en el libro noveno del tratado "Sobre la naturaleza de los animales":
"Las perdices no escogen siempre el mismo sitio para poner e incubar, por temor a que se descubra el lugar en que permanece mucho tiempo. Cuando un cazador encuentra por azar un nido de perdiz, esta se pone a revolotear delante de él como tocada del ala y lo atrae hacia sí simulando que va a ser cogida, hasta dar tiempo a que cada uno de sus polluelos se ponga a salvo. Después remonta el vuelo y los llama"[2]

Hasta aquí Aristóteles.

En verdad no pondré reparos tampoco en suscribir lo que en relación a casi la misma sentencia escribió Plutarco en el libro que tituló "¿Qué animales son más prudentes los terrestres o los marinos?":
"Otra astucia demuestran las perdices referida al amor de la prole. Acostumbran los polluelos todavía sin plumas a postrarse boca arriba sosteniendo una cobertura de tierra o pajas sobre

---

1 Aristófanes, *Las aves*, 768.
2 Aristóteles, *Sobre la naturaleza de los animales*, 9p, 613b, 15.

su cuerpo, para que así cubiertos estén escondidos; ellas entre tanto atraen al depredador a otro lado de esta manera: lo incitan hacia ellas levantándose sobre sus pies y avanzando poco a poco y mientras tanto manifiestan la posibilidad de ser cogidas hasta que lo alejan de sus polluelos"[1]

Con todas estas explicaciones me parece estar claro qué quiere darse a entender con ἐκπερδικίσαι: el escaparse con ingeniosa astucia de las perdices.

A veces se hizo alusión a cierto cazador celebradamente malo a quien se le puso por nombre "Perdiz" porque cojeaba. Lo menciona Aristófanes en *Las aves*[2].

⚜ Pánico
Panicus casus

Πανικὸν (pánico), llamaban los antiguos a la súbita e inmotivada perturbación del ánimo. Pensaban que el dios Pan producía terrores y espantos del ánimo muy parecidos a la locura, hasta tal punto desenfrenados que no sólo se pierde la razón sino incluso el sentido, como no raras veces sucede cuando en el ejército, sin motivo al parecer idóneo, los hombres, al tiempo que los caballos, se trastornan.

Lo recuerda Eurípides en *Reso*:

Ἀλλ' ἢ Κρονίου Πανὸς τρομερᾷ μάστιγι φοβῇ[3]

"¿Es qué te ha puesto en fuga el látigo terrible de Pan, hijo de Crono?."

Son palabras de Héctor a los guardianes cuando anuncian que en los campamentos se ha producido en nuevo tumulto y él responde que se trata de un suceso pánico.

---

1 Plutarco, *¿Qué animales son más prudentes?*, 16p, 971c.
2 Aristófanes, *Las aves*, 1292.
3 Eurípides, *Reso*, 36 ss.

Píndaro, en la oda IX de *Las Nemeas*, escribe que no se debe culpar a los hombres valientes si huyen en caso de un terror de esta clase:

Ἐν γὰρ δαιμονίοις φόβοις φεύγοντι καὶ παῖδες θεῶν[1]

i.e. *In divinis terroribus fugiunt et filii deorum*

"Pues antes los espantosos prodigios divinos también huyen los hijos de los dioses."

"Terrores demoníacos" llama al pánico.

Se cuenta que el mismo dios fue el inventor de la trompa retorcida de caracol que en griego se llama κόχλος i.e. *testudo* (es decir "caracol")[2] que, en cierta ocasión, haciéndola sonar puso en fuga a los Titanes contra los que hacía la guerra.

Pausanias en la descripción de Focide dice:

"Pero durante la noche fueron presas del pánico, pues dicen que los miedos que no tienen ninguna causa vienen del dios Pan"[3]

Sobre este tema ampliamente desierto, citando testimonios de otros sobre escritores griegos, Angelo Poliziano en la anotación vigésimo octava de sus Misceláneas.

Esta expresión aparece a menudo en las cartas de Cicerón a Ático:

Ego, inquit, bellum foedissimum futurum puto nisi qui, ut tu scis, Panicus casus[4] *existerit*[5]*.*

"Yo, digo, pienso que va haber una guerra horrible, salvo que surja algún problema con los partos.»

De nuevo en otro lugar:

De Ventidio Panicon puto[6]

---

1 Píndaro, *Las Nemeas* IX, 27.
2 No es ajustada la traducción de "κόχλος por *testudo* ya que ésta significa "tortuga."
3 Pausianas, *Descripción de Grecia* X, 23, 7.
4 La expresión *Panicus casus* (Suceso pánico), título de este adagio y que aquí se repite es una corrupción del texto por "Suceso parto." Sería correcto decir "Un suceso como entre los partos." A esta observación se debe la traducción de esta cita de Cicerón.
5 Cicerón, *Cartas a Ático,* 7, 26, 3.
6 Cicerón, *Cartas a Ático,* 16, 1, 4.

"Respecto a lo de Ventidio resultó, según creo, un Pánico[1]."
Igualmente en otro lugar:
Rumorem adferunt magnum, Romae domun ad Antonium frumentum omne portari πανικὸν *certe*[2].
"Traen el rumor muy extendido de que en Roma todo el trigo es transportado a casa de Antonio. Pánico seguramente."
Igualmente en otro lugar:
"Entretanto bien conoces que hay algo a lo que llaman "πανικὸν" (Pánico) y el también τὰ κενὰ τοῦ πολέμου (las incertidumbres de la guerra); ante el rumor de nuestra llegada Casio que estaba situado en Antioquia recobró ánimo y los partos empezaron a asustarse"[3].
Igualmente a Tiro:
"Aunque nuestro Ático comprendió que en otro tiempo πανικοῖς (por el pánico) fui dominado, sabe, aunque no lo vea, con qué ayudas de la filosofia me he rodeado; y como él, por cierto es miedoso, θορυβοποιεῖ (provoca la alarma) y es arrastrado por el Pánico"[4].

A esto creo que aludía Apuleyo en su "Asno de oro" cuando hace que Pan se muestre a Psique en el momento en que ésta se apresura a su muerte voluntaria[5].

❧ Bueno es siempre el olor del dinero
Lucri bonus est olor ex re qualibet

Ocurrente, cierto, pero a la vez funesta es esta frase de Vespasiano, personaje vergonzosamente ávido, que ordenó un impuesto sobre la orina[6]; como fuese reprochado por su hijo de que por hecho

---

1 En la antigüedad en la palabra "Pánico" prevalece la idea de sin sentido, injustificado. En esta cita y siguientes se habla de bulos.
2 Cicerón, *Cartas a Ático*, 14, 3, 1.
3 Cicerón, *Cartas a Ático*, 50, 20, 3.
4 Cicerón, *Cartas a los familiares* 16, 32, 2.
5 Apuleyo, *Asno de oro* 5, 25.
6 Este impuesto tiene relación con el uso de la orina por parte de los curtidores, si bien aquí se refiere directamente al uso de las letrinas públicas.

tan pestilente sacase dinero, puso poco después una moneda bajo sus narices y le preguntó si es que olía.
Por ello Juvenal:
Lucri bonus est odor ex re qualibet[1].
"En cualquier caso el lucro siempre huele bien."
Aludiendo a esto Amiano en el libro XXII dijo:
Et lucrum ex omni odorantes occasione[2]
"Oliendo el lucro con cualquier motivo.»
No sólo entró enseguida en el lenguaje coloquial sino también de lleno en el pensamiento y estilo de vida de todos, aquel verso de Eunio:
Unde habeas curet nemo, sed oportet habere[3].
"Nadie pedirá la procedencia; tener es lo que importa."
Es más, lo que Horacio dijo εἰρωνικῶς (irónicamente) lo seguimos seriamente:
O cives, cives, quarenda pecunia primum, virtus post nummos[4]
"¡Oh ciudadanos, ciudadanos! Buscad primero el dinero, la virtud vendrá después."
Cefisodoro en el libro III de Ateneo afirma que en los poetas celebres y hombres sabios se encuentran algunas sentencias reprobables como por ejemplo aquella de Arquiloco:
Πάντ' ἄνδρ' ἀποσκολύπτειν
i.e. "*Quemvis hominem excoriare sive spoliare*
"Hay que despojar a cualquiera"
O aquella de Teodoro:
Κελεύειν μὲν πλέον ἔχειν, ἐπαινεῖν δὲ τὸ ἴσον
i.e. *Quod jubet plus aequo habere, laudare tamen, quod aequum est.*
"Ambiciona tener más de lo justo, pero alaba lo que es justo."
O la de Eurípides:

---

1 Juvenal, *Las sátiras* XIV, 204.
2 Animo Marcelino, *Historia* XXII, 4, 3.
3 Juvenal, *Las sátiras* XIV, 207.
4 Horacio, *Epístolas* I, 1, 59 ss.

Τὴν γλῶτταν ὀμωμοκέναι φάναι[1]
i.e. *quod dixerit linguam jurasse*
"Mi lengua únicamente ha jurado."
(Sobre lo cual hablamos en otro lugar)[2]
O la de Sófocles:
"Esto te digo como buen consejo no como mandato; pero tú como suelen hacer los hombres prudentes alaba lo que es justo, pero por lo demás busca el lucro"[3].
Y el mismo Sófocles dijo en otra parte:
Μηδὲν εἶναι σὺν κέρδει κακόν[4]
i.e. *Nullum esse malum, quod cum lucro conjuctum sit*
"Nada hay malo que comporte provecho"
De este parecer es Homero, cuando presenta a Juno seduciendo a Júpiter o pinta a Marte cometiendo adulterio[5].
Todo lo cita Ateneo.

Es maravilla que el pueblo se indigne con los poetas y comediantes si alguna vez representan tales cosas en el teatro, cuando mas bien debería cada uno indignarse contra sí mismo porque en realidad vive de acuerdo con aquello que no puede soportar.

♠ Tonterías de viejas
ANICULARUM DELIRAMENTA

Γραῶν ὕθλος. *Anicularum deliramenta*. Tonterías de viejas: frivolidades vanas de las que suelen parlotear las viejas cuando, añadiéndose a la debilidad de su sexo la debilidad de su edad, se duplica la morbosa frivolidad.

Encontramos este proverbio en el *Teeteto*, de Platón:
Ταῦτα μὲν γάρ ἐστιν ὁ λεγόμενος γραῶν ὕθλος[6]

---
1   Eurípides, *Hipólito* 612.
2   Adagios 5, 41.
3   Sófocles, *Fragmentos* 25.
4   Sófocles, *Electra* 61.
5   *La Iliada* XIV, 153 ss; VI 266.
6   Platón, *Teeteto* p 176 b.

i.e. *Nam haec quidem sunt quod dici solet, amicularum nugae* "Todas estas opiniones, como suele decirse, no son más que chismorreos de viejas."

También Cicerón en su discurso *Pro domo sua* (Sobre la casa) habló de *anilem superstitionem*[1] (la superstición propia de una anciana).

⚘ Algunos versos proverbiales de Homero
HOMERICI VERSUS ALIQUOT PROVERBIALES

En tan alto honor reñía la antigüedad a Homero, como lo atestigua Macrobio[2], que casi cada uno de sus versos eran celebrados como proverbios.

De los cuales más de uno aquí y allá en esta obra he reseñado, especialmente los que encontré citados en las obras de otros autores.

Pero ahora me parece hacer una labor valiosa si de toda la obra poética de Homero seleccionó algunos versos qur tienen tal apariencia de proverbios que no se puede dudar de que pertenecen a la categoría de adagios que utilizó la antigüedad.

Aunque, en realidad, ningún verso hay de este poeta que no pueda aplicarse de alguna forma como proverbio; sin embargo he preferido seleccionar unos pocos entre ellos; en parte, para que nadie pueda decir que en materia tan fuera de mi propósito he puesto demasiado esmero; por otra, porque no sé por qué resulta ridículo citar aquellas palabras que cualquiera podría usar como propias[3].

Por ello, hemos tenido suficiente con mostrar con algunos pocos versos el modo como deben utilizarse.

En estos mismos, aunque he indicado el uso de un verso que tal como iba escribiendo me venia a la mente, sin embargo, nada impide que el mismo verso se aplique de distintas formas.

---

1 Cicerón, *Sobre la casa*, 105.
2 Macrobio, *Las sátiras* V, 16, 6.
3 Es decir: citar todos los versos de Homero sería excesivo, siendo que ya son del acervo común.

Pero realmente no lo permitiría yo en otros poetas, a no ser que alguien se permita decirlo de Virgilio, a quien con pleno derecho podemos llamar el Homero latino; pero la misma grandeza de Homero hace que todo lo que de él tomes o como lo tomes resulta oportuno, aunque, como suele hacerse en los discursos, refuerzas las palabras hasta conseguir un sentido muy distinto.

Aunque supiera que no han de resultar graciosos a no ser que se citen en griego, sin embargo para que todos los entiendan yo los traduciré.

Pero empiezo ya a enumerarlos[1].

❧ El perro sueña con el pan
Canis panes somnians

Según algunos parece que como expresión proverbial fueron dichas aquellas palabras en *Los pescadores* de Teócrito:

Καὶ γὰρ ἐν ὕπνοις πᾶσα κύων ἄρτως μαντεύεται, ἰχηθύα κἠγών[2]

i.e. *Siquidem omnis panes in somnis canis ariolatur, at ipse pisces*

"En sueños todo perro presiente el pan, y yo presiento el pez."

El sentido es que a cada uno se le presenta en sueños aquello que intensamente desea y a lo que se entrega con interés.

Aristóteles no sólo al hombre sino también a los demás animales les atribuye la ensoñación; aunque es más evidente en los perros pues a veces les oímos mientras duermen soñar en la caza, lo cual no es difícil de comprender por los ladridos que emiten mientras duermen[3].

Por ello, me parece tener mejor sentido si en lugar de ἄρτως (panes) se leyese ἀγρώς (campos) o ἄγρας (cazas).

---

1 Más que un adagio este apartado parece la introducción a algunos de ellos, tal como da a entender la última frase. No aparece en la lista de "adagios" según la edición de Leiden (1700).
2 Teócrito, *Idilios* XXI, 44 ss. (*Los pescadores*).
3 Aristóteles, *Historia de los animales* 4p, 536b.

Propongo que esto lo examinen cuidadosamente los eruditos, que deben dilucidar donde encontrar el códice más fiable. Yo hasta ahora no estoy capacitado[1].

Quienes por los sueños adivinan el futuro no faltan ni siquiera hoy, aunque ya Aristóteles lo repruebe[2].

꧁ Cuelan un mosquito
Culicem colant

Muchas son las expresiones tomadas por el pueblo de los Evangelios. No resulta este hecho indigno de Cristo sino que, por el contrario, así como tomando cuerpo humano quiso ser uno mas entre nosotros, así usó en lo posible palabras familiares para elevar en todos los aspectos nuestra pequeñez hasta su grandeza.

En verdad, de estas frases no me pareció oportuno traer a colocación muchas de ellas; en primer lugar, porque algunos entregados en demasía a los estudios poéticos consideran todo lo que suena a Sagradas Escrituras poco delicado; en segundo lugar, porque podría parecer a alguien que ya están demasiado comentados; y especialmente porque temía que algún hombre piadoso pensase que yo ofendía a las Sagradas Escrituras si las mezclaba a menudo en esta obra en la que no sólo hay sentencias paganas sino también algunas no demasiado limpias, que yo, a mi pesar y en lo que pude discretísimamente, he relacionado, aunque no todas ellas son así.

Por lo demás, entre los adagios evangélicos no puedo pasar por alto aquel dicho de Jesús, nuestro Maestro, contra los supersticiosos y, en otro orden de cosas, escrupulosos que ignorando o simulando no saber en qué consiste la verdadera y cristiana piedad ya se complacen, ya tiemblan con tonterías, más seguros

---
1 Erasmo aprendió —y olvidó— el griego en su juventud en Deventer; más tarde en 1501 lo estudió intensamente a pesar de la carencia de libros y profesores. En 1504 declara estar capacitado para traducir —Eurípides, Luciano— y es consciente de que el griego le servirá para la compresión de las Sagradas Escrituras. En 1518 siguió un curso de griego en Cambridge.
2 Aristóteles, *Adivinación por los sueños*, p 462b.

cuanto más grandes, llenos de supersticiones judaicas y vacíos de la verdadera caridad.

Contra ellos lanza Cristo, doctor de la verdadera piedad este proverbio diciendo en MT, XXIII:

Τὸ κώνωπα διυλίζουσι τὴν κάμηλον καταπίνοντες[1]
i.e. *Culicem liquant, camelum glutientes*
"Cuelan un mosquito se tragan un camello."

No es diferente lo que en otro lugar cité:

Ἀνδριάντα γαργαλίζειν
i.e. *Statuam colare gutture*
"Tragar una estatua por la garganta"[2]

Oro probado en el fuego
AURUM IGNI PROBATUM

Ὁ χρυσὸς τῷ πυρὶ δοκιμασθείς i.e. *aurum igni probatum*. Oro probado en el fuego dícese de aquel cuya fidelidad se reconoce y acredita en la prueba de las adversidades.

Utiliza este mismo símil M. Tulio en las *Cartas a los familiares*, libro XX[3].

Píndaro igualmente en el libro cuarto de *Las Nemeas*:

Ὁ χρυσὸς ἑψόμενος αὐγὰς ἔδειξεν ἁπάσας[4]
i.e. *Aurum coctum omnem nitorem ostendit*
"El oro hirviendo en el crisol revela todo su esplendor."

De nuevo en el himno décimo de *Las Píricas*:

Πειρῶντι δὲ χρυσὸς ἐν βασάνῳ πρέπει καὶ νόος ὀρθός[5]
i.e. *Experienti vero aurum in indice relucet et mens recta*
«Para aquel que lo intenta, brilla el oro probado en la piedra y lo mismo la mente sana»

---

1   Mat. 23, 24.
2   Adagio III 4, 56. *Statuam Jaucibus colas*.
3   Cicerón, *Cartas a los familiares* IX, 16, 2.
4   Píndaro, *Las Nemeas* IV, 82 ss.
5   Píndaro, *Las Piticas* X, 67 ss.

Teogonis dice:
"En todo me encontrarás como el oro puro, dulcemente brillante, cuando se prueba en la piedra de toque"[1]
El mismo Teognis dice en otro lugar:
"Cuando llegó a la piedra de toque y se puso en la prueba del plomo, aun siendo poco oro, todo el será espléndido"[2]
Usa también esta comparación San Pedro en su primera carta:
"La calidad probada de vuestra fe, es más preciosa que el oro perecedero que es probado por el fuego"[3]
Tiene, pues, el oro algo peculiar no lejos del milagro: que con el fuego no solo se deteriora sino que brilla más y más.

Así, aquel que es verdaderamente bueno, enfrentado a las tormentas de las desgracias, hace brillar la virtud de su alma, no la pierde.

Plinio en el libro XXXIII escribe que esta es la razón fundamental por la que el oro se prefiere a todos los metales: porque es la única cosa que no perece con el fuego conservando íntegra su materia incluso en los incendios; es más, cuanto más a menudo se quema tanto más le aprovecha para su mejora; ésta es la verdadera demostración del oro puro: si brilla como el fuego, y por ello lo llaman *Obrizum*[4] (oro refinado)[5].

꧁ Es mejor tener enemigos acérrimos
Praestat habere acerbos

Marco Tulio en el diálogo *De amicitia* (Sobre la amistad) dice:
Scitum est enim illud proverbium Catonis: Multo melius de quibusdam acerbos inimicos mereri quam eos amicos, qui dulces videantur
"Notoria es aquella sentencia de Catón: Algunos deben más a sus crueles enemigos que a los amigos indulgentes"[6].

---
1   Teogonis, 449 ss.
2   Teogonis, 1105 ss.
3   I Petr. 1, 7.
4   *Obrizum* es la transcripción que aquí hace Erasmo de ὄβρυζον.
5   Plinio, *Historia natural* 33, 59 ss.
6   Cicerón, *Lelio o de la amistad*, 90.

Ciertamente lo mismo que reconozco que es sentencia muy conocida, de igual manera niego que sea un proverbio, en primer lugar porque no tiene apariencia de proverbio y además porque los proverbios son propios del pueblo, no de este o aquel individuo.

Por ello pienso que se debe expresar así: *Scitum est enim illud Catonis* (Conocido es aquello de Catón); sin embargo, he pensado que debe reseñarse para que nadie piense que lo he pasado por alto por negligencia.

⟡ Ni siquiera el nombre
Ne nomen quidem

En forma proverbial se dice lo mismo en la misma Égloga de Teócrito:

Βοᾶς δ' ἔτι μηδ' ὄνομ' εἴη[1]

i.e. *Ulterius nec nomen erit belli atque tumultus*

"Del grito de batalla ni el nombre queda ya."

Igualmente San Pablo en la *Carta a los Efesios* dice:

Fornicatio autem et omnis immunditia aut avaritia nec nominetur in vobis[2]

"La fornicación y toda impureza o codicia ni siquiera se menciona entre vosotros."

Entonces, ¿qué pasa? ¿Acaso es pecado mencionar la avaricia, la lascivia? No lo creo, pero el Apóstol para que se detesten de verdad los vicios usó una hipérbole proverbial.

También entre los más piadosos se nombra a Judas y Pilatos.

---

1 Teócrito, *Idilios* XVI, 97 (Las Gracias).
2 San Pablo, *Carta a los Efesios* 5, 3.

🔖 Perforar un istmo
Isthmum perfodere

"Perforar un istmo" se decía de quienes ponen gran esfuerzo en algo pero sin éxito.

Hace referencia especialmente al istmo de Corinto, que obligaba a las naves a un largo y peligroso rodeo de la península.

Por ello, muchos intentaron excavarlo por la parte más estrecha; así el rey Demetrio[1], el dictador César[2], Gayo César[3], Domicio Nerón[4], con nulo éxito después de empezada la obra.

Tranquilo[5] cuenta que también lo intentó Calígula[6].

Filóstrato, en la *Vida de Apolonio*, niega que Nerón desistiera vencido por la dificultad sino porque temía que el mar desbordado hiciese desaparecer Egina y porque temía la inminencia de subversiones en el Imperio romano; pues así lo habían predicho los adivinos egipcios[7].

También el antiguo escritor Heródoto en el libro primero de su *Historia*, cuenta que los cuidios[8] comenzaron la excavación de un canal justamente en esa estrecha franja de terreno que tiene aproximadamente cinco estadios[9] que la une al continente con el propósito de convertir un país en una isla.

Ahora bien, los trabajadores al fragmentarse las piedras resultaban heridos en los ojos; por ello, consultado Apolo de Delfos les dictó en trímetros esta respuesta:

---

1 Demetrio, en 297 a.c., se convirtió en rey de Macedonia y dueño de casi toda Grecia. Se apodó "Poliorcetes" (Sitiador) por el sitio de Rodas.
2 Gayo Julio César.
3 Gayo Julio César Germánico conocido como "Calígula" (Sandalitas", por su calzado militar en Germania).
4 Lucio Domicio Ahenobardo que adoptó el nombre de Nerón (Enérgico).
5 Gayo Tranquilo Suetonio.
6 Suetonio, *Caligula*, 21.
7 Filóstrato, *Vida de Apolonio* 4, 24.
8 Cuido, ciudad griega en el sudoeste de Asia Menor.
9 1 kilómetro.

Ἰσθμὸν δὲ μὴ πυργοῦτε μηδ' ὀρύσσετε· Ζεὺς γὰρ κ' ἔθηκε νῆσον, εἴ κ' ἐβούλετο[1]
i.e. *Neque cingite isthmum moenibus neque foedite nam si Jovi id visum, locasset in salo*
«No fortifiquéis ni excavéis el istmo, pues Zeus lo hubiera hecho isla, si hubiera querido»

Finalmente, Nicanor Seleuco empezó a perforar el istmo[2] que separa el Euximo[3] del mar Caspio, pero no pudo acabar porque fue asesinado por Ptolomeo Cerauno.

❦ Cachorro melíteo
MELITAEUS CATULUS

Μελιταῖον κυνίδιον i.e. *Melitaeus catellus*. Perro melíteo se llamaba a las criaturas cuya ayuda no sirve para nada sino que las mantiene sólo por placer; de las cuales no es pequeño el número en las casas de los ricos[4].

De los distintos perros el uso es diverso.

A unos se les ha sido entregada la custodia de la casa para que por la noche hagan guardia frente a los ladrones: se les llama οἰκουροί (perros caseros).

De otros usamos la ayuda para la caza: se les llama θηρευτικο (perros de caza).

Otros no tienen utilidad alguna a no ser jugueterar con matronas ociosas y delicadas[5]; los cuales gozan todavía en nuestros días de asombrosa popularidad: se les llama μελιταῖοι (perros melíteos) por la

---

1 Heródoto, *Historia* lp, 174, 4 ss.
2 Se hablaba de istmo por una falsa estimación de la distancia: más de 500 km separan el mar Negro del Caspio, con el Cáucaso por medio.
3 Mar Negro.
4 Irónico doble sentido: perros y… personas.
5 Nuestro "perrillo faldero."

isla de Melita¹, situada entre Corcyra Nigra² y el Ilirico³. Lo atestiguan Plinio en el libro III último capítulo,⁴ Estrabón⁵ y Estefano.

Recuerda estos perros Aristóteles en la sección décima del libro catorce de los *Problemas*, dando a entender que son graciosos y delicados en todos sus miembros y son apreciados por esta cualidad,⁶ del mismo modo que hay personas que no pueden vivir sin enanos y liliputienses.

En *Los lapitas* de Luciano, un bufón llama al cínico Alcidamante Μελιταῖον κυνίδιον⁷ (perro melíteo). Ateneo en el libro duodécimo escribe que los perros melíteos contaban entre los placeres de los sibaritas⁸; parece ser que esta raza es entre los perros como los enanos y liliputienses entre los hombres.

Por el contrario, Masinisa⁹ es alabado con razón porque en lugar de simios y cachorros prefirió cuidar niños hasta los tres años y después devolvernos a sus padres¹⁰.

Pero es intolerable que entre los británicos mucha gente cuide gran número de osos, animal voraz y malvado, para hacerlos bailar. Lo mismo hacen con las monas aunque sean menos voraces.

No les da vergüenza a los cristianos cuidar las monas, habiendo tantos pobres que pasan hambre. Pero, para qué deploramos estas cosas, cuando andan por ahí quienes, tomando ejemplo de los italianos, llevan de pueblo en pueblo a muchachas o niños que han enseñado gestos groseros; la desgracia de una muchacha mantiene

---

1 Actualmente Mljet (Croacia).
2 Actualmente Korcula (Croacia).
3 Costas de Dalmacia. Aunque, en verdad, toda esta localización es muy imprecisa.
4 Plinio, *Historia natural* VI, 3 1.
5 Estrabón, *Geografía* VI, 2, 11.
6 Aristóteles, *Problemas* X, 12p, 892 a.
7 Luciano, *El banquete o los lapitas*, 19.
8 Ateneo, *Deipnosofistas* 12p, 519 a.
9 Después de la batalla de Zama (202 a.C.), los cartagineses reconocieron a Masinisa (238-148 a.c.) como rey de Numidia. El poder creciente y las reformas sociales y políticas inquietaron a Roma que le declaró la guerra (tercera guerra púnica), y destruyó Cartago.
10 Ateneo, *Deipnosofistas* 12p, 518 f.

la buena vida de cuatro o cinco robustos bribones. ¡Y se llaman cristianos quienes contemplan estos juegos con buenos ojos!

⚘ Se acerca Mercurio
MERCURIUS SUPERVENIT

Ὁ Ἑρμῆς ἐπεισελήλυθεν i.e. *Mercurius supervenit*. Se acerca Mercurio. Asi se solía decir si en algún momento de una reunión de mucha gente de pronto se hace el silencio, dando a entender que no es correcto hablar estando presente Mercurio, que es el creador de la conversación. Incluso hoy se considera vergonzoso si alguna vez en una reunión o tertulia de pronto todos callan.

Este adagio lo refiere Plutarco en el comentario Περὶ τῆς ἀδολεσχίας (sobre la charlatanería)[1].

Semejante a éste es el ya mencionado en otra parte: *lupus in fabula* (El lobo en la conversación)[2].

⚘ Mirar los dientes al caballo regalado
EQUI DENTES INSPICERE DONATI

Hay algunos adagios, incluso hoy en día usados, no desmerecedores de ser enumerados entre los más antiguos, por ejemplo éste: *non oportere equi dentes inspicere donati* (no hay que mirar los dientes del caballo regalado) cuando queremos dar a entender que debemos aceptar gustosos y contentos sea lo que sea que no compramos sino que se nos regala.

Quien va a comprar un caballo debe inspeccionar los dientes en los cuales hay indicios seguros de su edad, para no ser engañados; pero es descortesía hacer lo mismo a un caballo regalado.

San Jerónimo usó este proverbio en el prefacio de los comentarios que escribió sobre la carta de San Pablo a los Efesios:

---

1   Plutarco, *Sobre la charlatanería* 19.
2   Adagios III 8, 56.

"Poco elocuente soy, dijo: ¿Qué te importa? Lee mi disertación. No traduzco muy bien los griegos al latín: o lee los griegos si conoces su lengua o si sólo sabes latín, no te atrevas a juzgar sobre un regalo gratuito ni, como dice el proverbio, mires los dientes del caballo regalado"[1].

Esto dice San Jerónimo.

Pero esta descortesía humana de la que acusa San Jerónimo, yo la he experimentado recientemente y me causa extrañeza.

He editado el Nuevo Testamento, muchos pasajes los he enmendado o aclarado y esto con trabajos inestimables.

Es increíble como me increparon, como vocearon algunos teólogos y el común de los monjes a quienes mi trabajo les reportaba considerable ayuda. Cuanto más alguno de ellos necesitan de mi trabajo con tanto más odio clamaba; son de esa ingrata clase de hombres quienes si alguien le ofrece una comida más suntuosa a ése, una vez saciados y ebrios, poco menos que le adoran; pero a quien gratuitamente les ofrece algo útil conseguido con tantos sudores, a ese le persiguen con insultos.

❦ Ave de las musas
Musarum aves

Μουσῶν ὄρνιθες (Aves de las musas)[2] se llama a los poetas en el mismo idilio[3] porque entonan su canto con insistencia:

Καὶ Μοισᾶν ὄρνιχες ὅσοι ποτὶ Χῖον ἀοιδόν
ἀντία κοκκύζοντες ἐτώσια μοχθίζοντι
i.e. *Quotquot aves Musarum audent certare poetae*
Chio coccysando, opera conantur inani
"Todas las aves de las Musas que se afanan en vano con su canto de gallo frente al cantor de Quíos"[4].

---

1 San Jerónimo, *Sobre la Carta a los Efesios*, prefacio, p 538.
2 En sentido despectivo: pájaros que graznan insistentemente.
3 Teócito, *Idilios* VII, 47 (La fiesta de la cosecha).
4 Quíos reivindicaba ser la cuna de Homero.

❧ Un cuervo blanco
Corvus albus

Del hallazgo de algo muy raro dijo Juvenal:
> *Corvo quoque rarior albo*[1]
> "Es algo más raro que un cuervo blanco"

Amiano en un epigrama:
> Θᾶττον ἔην λευκοὺς κόρακας πτηνάς τε χελώνας εὑρεῖν[2]
> i.e. *Aut albus corvus prius, aut testudo volucris invenietur*
> "Antes encontrarás un cuervo blanco o una tortuga que vuela."

Galeno en el libro primero de *Sobre las leyes físicas*, reprochando a un tal Lyco que ni estuviese de acuerdo con Erasístrato ni el mismo aportase la verdad, dice:
> "Lyco, puesto que es evidente que él ni dice la verdad ni está de acuerdo con Erasístrato, se asemeja a un cuervo blanco que ni puede unirse a los cuervos por el color ni a las palomas por su tamaño"[3].

Esta expresión cuadra al hombre individualista y ajeno al sentido común. Hay quien se avergüenza de estar de acuerdo con alguien como si nada fuese verdad si no es diferente.

❧ Soberbia de la Campania
Campana superbia

Muy a menudo la buena vida se da la mano con la arrogancia.

La Campania[4] fue en otro tiempo con mucha diferencia la región más rica de Italia: así lo atestiguan muchos autores; Plinio en el libro III capítulo V dice:

---

1 Juvenal, *Las sátiras* VII, 202.
2 Antología palatina XI, 436.
3 Galeano, *Leyes físicas* I, 17.
4 Región de Italia al sur de Lacio: llanura volcánica de fertilidad extraordinaria. Muchos romanos tenían allí casas de campo (villa). Su territorio comprendía el puerto de Puteoli y las ciudades de Cumas, Capua (la más importante) Baiae, Nápoles, Pompeya y Herculano.

"A partir de aquí se extiende la feraz Campania; desde esta ensenada empiezan las colinas cubiertas de vides, una tierra notable por la fuerza embriagadora de un licor famoso en todo el mundo y como dijeron los antiguos el lugar de la suprema competencia entre el Padre Liber[1] y Ceres[2]."

Y muchas más cosas dice sobre la fertilidad y delicias al mismo tiempo de la Campania.

Consta que en otro tiempo Capua disputó la primacia a Roma. Por ello, llegaron a ser proverbiales las expresiones "arrogancia de Campania", "petulancia de Campania": Marco Tulio, en la *Defensa de Rulo*, dice:

> "Nuestros mayores, con su previsión y prudencia, redujeron a la inercia más inactiva y más indolente aquella arrogancia y aquella intolerable insolencia de los campanos. Así, por una parte, evitaron la fama de los crueles al no destruir la ciudad más bella de Italia y, por otra, fueron muy previsores para el futuro porque al cortarle todos los nervios a la ciudad la dejaron desalentada y débil"[3]

Poco después en el mismo discurso llama a Capua *domicilium superbiae sedemque luxuriae* (morada de la soberbia y sede de los placeres):

> *Itaque electi coloni Capuae in domicilio superbiae atque in sedibus luxuriae collocati*[4]
> "Los colonos elegido para Capua fueron instalados en la morada de la soberbia y sede de los placeres."

Y lo mismo dice en el discurso pronunciado a su vuelta al Senado:

> "¿Pensabas que ejercías de cónsul —lo eras entonces— en Capua, ciudad que en otro tiempo fue el asiento de la arrogancia?[5]"

---

1 Liber Pater: Dios itálico del vino.
2 Diosa de las cosechas, originaria de Campania. Plinio, *Historia natural* III, 5, 60.
3 Cicerón, *Sobre la ley agraria* 2, 91.
4 Cicerón, *Sobre la ley agraria* 2, 9.
5 Cicerón, *En agradecimiento al Senado* 17.

Y de nuevo un fragmento del discurso contra el mismo Rulo[1] dice:
Qui locus propter ubertatem agrorum abundantiamque rerum omnium superbiam et crudelitatem genuisse dicitur[2].
"A causas de la feracidad de los campos y la abundancia de todos los bienes de este lugar, se dice que produce soberbia y crueldad."
Y poco después:
Si luxuries Annibalem ipsum Capuae corrupit, si superbia nata inibi esse ex Campanorum fastidio dicitur[3].
"Si la vida muelle de Campana[4] hecho a perder al mismísimo Anibal, la petulancia se originó allí mismo por el desdén en que viven los campanos."
Igualmente Tito Livio en el libro noveno de la primera década recuerda:
Campanis ingenitam esse superbiam[5]
"La altivez es innata a los campanos."
Sobre este tema Aulo Gelio en el libro once capítulo veinticuatro habla del epitafio de Nevio: lo describe como ampuloso en si mismo; dice estar lleno de la soberbia de Campania.
Creo que Nevio era originario de Campania[6].
Tal como en otro tiempo a toda destacada perfidia el pueblo llamaba "púnica", así llamaba "de Campania" a cualquier arrogancia.
Pero ahora no quiero hablar más de lo que dice la gente. Yo mismo, cuando viajaba por Campania, jamás encontré por aquellas tierras aquel fruto de la vid famoso en el mundo entero. Ni una gota de Falerno, Caleno, Massico, Cecubo, Sorrentino.

---

1 Anteriormente Erasmo escribió *Defensa de Rulo* y aquí *Contra Rulo*: el año 63 a.C. Cicerón pronunció los discursos *De lege agraria* o *Contra Rullum*, defendiendo que la legislación propuesta por éste era fraudulenta.
2 Cicerón, *Sobre la ley agraria* 1, 28.
3 Cicerón, *Sobre la ley agraria* 1, 20.
4 Sus soldados se abandonaron a "Las delicias de Capua", expresión que llegó a ser proverbial en el sentido de pasar el tiempo infructuosamente.
5 Tito Livio, *Ab urbe condita* IX, 6, 6.
6 Nevio: poeta épico autor de tragedias y comedias. Natural de Campania.

Por el contrario, poco faltó para que en la Capua —la que ahora se puede ver— me asfixiase por una angina de vino[1]. Llené la botella con azúcar molida.

Vicit vinum, quovis aceto acerbius
"Venció el vino más agrio que cualquier vinagre."

Normalmente usan mostos de uva porque, de otra manera, no se aguantan hasta la vendimia siguiente.

¿Dónde están aquellos alabados vinos cuyo nombre y patria el tiempo ha borrado?[2]

De polvo tragamos cantidad[3]. La naturaleza, bien cierto es, no permite que nada humano perdure para siempre.

﷼ La política no es para el poeta
RESPUBLICA NIHIL AD MUSICUM

Que los hombres instruidos y honrados no son aptos para gobernar la república, es una opinión que al igual que antes estuvo en el ánimo de muchos aún ahora está vigente.

Platón se abstuvo, Sócrates lo intentó en vano, Demóstenes y Cicerón no tuvieron un final feliz. Por último, la madre de Nerón apartó al hijo del estudio de la filosofía porque pensaba que era perniciosa para una persona destinada a ser emperador.

A propósito de este tema San Agustín argumenta en una carta contra algunos que daban a entender que la filosofía evangélica era impedimento para quien administra la república.

Esta opinión la expresa con gracia Aristófanes en *Los caballeros*. En este pasaje, a un hombre que rechaza el gobierno por no ser competente en los estudios "musicales", se le da repuesta:

Ἡ δημαγωγία γὰρ οὐ πρὸς μουσικοῦ

---

1 Llama "angina de vino" a la asfixia por el vino. Aproximación a la "angina del dinero" que se reprochaba a Demóstenes (Plutarco, *Demóstenes* 25).
2 Erasmo da tanta importancia al vino porque su delicada salud "necesitaba a diario vino de Borgoña para mantener en circulación su medio dormida sangre" (Zweig, *Erasmo*).
3 Erasmo, habituado a la Europa del Norte (Holanda, Inglaterra, Alemania, Suiza) extraña y sufre el mundo mediterráneo. ¿Es por el polvo que no quiso venir a España?

ἔτ' ἐστὶν ἀνδρὸς οὐδὲ χρηστοῦ τοὺς τρόπους[1]
i.e. *At gerere nunc rem publicam non est viri qui musicus sit ac probatis moribus*
"Gobernar la república no le va al hombre instruido y honrado." Con el nombre de "musicales"[2] designaban los antiguos a los estudios liberales.

A CRISTO SALVADOR

EN HONOR DE DES(IDERIO) ERASMO DE ROTTERDAM
HOMBRE DE TODO PUNTO EXCELSO
CUYA INCOMPARABLE ERUDICIÓN
EN TODA SUERTE DE DISCIPLINAS
UNIDA A PAREJA PRUDENCIA
LA POSTERIDAD ADMIRARÁ Y PROCLAMARÁ
BONIFACIO AMERBACHIUS (AMERBACH)
JERÓNIMO FROBENIUS (FROBEN)
NICOLÁS EPISCOPIUS (BISCHOF)
HEREDERO Y POR SU ÚLTIMA VOLUNTAD ALBACEAS
NO PARA SU MEMORIA QUE PARA
SÍ ADQUIRIÓ IMPERECEDERA
POR LOS TRABAJOS REALIZADOS
CON LOS CUALES MIENTRAS
EL ORBE DE LA TIERRA
PERMANEZCA EN PIE,
SIENDO EL EXÍMIO MAESTRO,
SOBREVIVIRÁ Y SERÁ SEGUIDO
POR LOS ERUDITOS DE ENTRE TODOS LOS PUEBLOS
SINO PARA SU CUERPO MORTAL,
ESTA LÁPIDA ERIGIERON
BAJO LA CUAL ESTÁ CUSTODIADO.
MURIÓ EL III DÍA DE LOS IDUS
DE JULIO (12 DE JULIO)
YA SEPTUAGENARIO,
EL AÑO MDXXXVI DEL NACIMIENTO DE CRISTO.
†
ERASMO DE ROTTERDAM
1536

Inscripción de la lápida de Erasmo

---

1 Aristófanes, *Los caballeros*, 191 ss.
2 El significado de *musicus* se podría deslizar así: músico → cantor con música → poeta lírico → espíritu sensible e instruido.

Julio rechazado del cielo

Grabado de Erasmo de Cornelis de Visscher

Epigrama de Erasmo contra Julio

Qué bien te cuadra de Julio Segundo
El nombre.[1] Eres ¡claro!, el segundo Julio.
Aquel también, pontífice máximo,
Un tiempo, sin derecho accedió al poder.
No de otro modo que el que a ti te gusta,
Violó la fidelidad por el poder.
Aquel despreció los dioses, y tú,
También en esto, eres otro Julio.
El orbe entero cubrió con muerte, guerra
Sangre; y en esto eres otro Julio.
Aquel de las Galias verdugo máximo,
Ruina máxima de las Galias también tú.
Nada en él fue santo sino la enfermedad santa[2]
De aquél el corazón perturbaban
Las Furias Erinias, vengadoras
De los crímenes y también su cabeza
De sus graves delitos muy consciente;
Aquél de aviesa frente gozaba.
De mirada amenazante era,
Taimado más que cualquier histrión;
Con estas y otras dignas de saberse
Prendas, puedes a Julio compararte
E igualarte y con mucho superarle.
Tan solo un ligerísimo rasgo
Te diferencia de aquél: prefieres,

---

1 Este epigrama fue desconocido durante mucho tiempo. Se publicó por primera vez en 1925 en la *Revue de Litterature Comparée*. Se escribió durante la vida de Julio II probablemente en Inglaterra. Por el paralelismo en las ideas y formulaciones pertenece al autor del diálogo *Julius exclusus e coelis* (Gertraud Chrisrian).
2 Julio César no tenía de santidad sino la misma enfermedad que su Santidad (¿epilepsia?, ¿sífilis?).

Sin nobleza alguna, el vino a los libros.
Solo falta para que en todo seas
Cual Julio, que un Bruto, te quepa en suerte.
Para un viejo como tú no basta un Licomedes[1]
Con este honor serás más grande que aquél Julio.

Julio rechazado del cielo

Introducción

El diálogo *Julius exclusus e coelis*, el cual se denomina muchas veces como panfleto es propiamente una sátira. En vida de Julio II o mejor dicho en su tiempo se publicaron muchos panfletos contra los Papas, contra los excesos de la Curia romana y de los cardenales, no tan sinceros ni tan bien intencionados como el de Erasmo. Este escrito apasionado y sin miramientos tiene tintes de panfleto porque desfigura la realidad histórica y la personalidad de Julio II.

Este diálogo, junto con otros escritos de Erasmo, tienen en común el tema de la paz, los horrores de la guerra y la exigencia de reforma del Papado y determinadas estructuras de la Iglesia.

El diálogo *Julio rechazado del cielo* es un escrito de estilo erasmiano, aunque se escribió hacia 1513 justo después de la muerte de Julio II; se publicó en Basilea en 1516 sin el nombre del autor.

Se dan como razones para que no apareciera el nombre del autor el que Erasmo no quería perder el favor de León X bajo cuyo patronazgo iba a ser publicado el Nuevo Testamento griego; Erasmo no quería con este duro ataque agravar la situación del Papado de lo cual se habría aprovechado Lutero; y también que Erasmo no quería ser identificado con el movimiento luterano.

---

[1] Más acertado parece leer *Nicomedes*. César había visitado a Nicomedes, rey de Bitinia, y se rumoreó sobre íntimas relaciones.
Si la lectura *Licomedes* es correcta, se trataría del rey Licomedes, que acogió a Aquiles disfrazado de mujer para evitar ir a Troya. Ulises por encargo de Agamenón lo descubrió entre las muchachas de la corte porque aquél se fijó más en espadas y puñales que en muñecas y otros abalorios femeninos (Howatson).

La semejanza del estilo y contenido, al igual que el Epigrama contra Julio II, con el resto de sus obras lo hacen plenamente erasmiano.

El Diálogo en cuestión es un escrito de carácter lucianesco, es decir, de ironía lúcida y extrema que se resuelve en dura crítica y ataque cruel contra un personaje que simboliza todo aquello que hay que reformar, mejor, desterrar de la Iglesia. En tono irónico en algunos pasajes de este Diálogo expone sus ideales de la Reforma. Erasmo ya había demostrado su capacidad de ironía y crítica en su obra *Elogio de la locura*, como Maquiavelo demostró su ironía en la pieza *La mandrágora*. La ironía de Maquiavelo no es extraña a su vida y comportamiento. En Florencia era famoso más que como escritor o historiador por sus inimitables frases ingeniosas y sus bromas.

En el deseo de reforma de la Iglesia participó Erasmo con los más inquietos e importantes espíritus de su tiempo. Este deseo no podía sino llevarle a la critica de los dignatarios de la Curia y el Papado y especialmente contra la odiosa personalidad de Julio II, al cual conoció en su viaje a Italia donde pudo presenciar la entrada militar del Papa en Bolonia con toda la pompa de un vencedor (que se describe con detalle y exceso en el Diálogo) y contra el paganismo de la Corte Papal.

La inventiva más personal contra Julio II consiste en atacar la idea defendida por el Papa de la unidad entre la institución —Iglesia— y su dignatario.

Un hombre malo solo puede ser un mal Papa que no sabe salvar su alma ni la de los demás. El portador del primado debe gobernar según las enseñanzas de Cristo. Que conduzca una guerra es impensable y es peor, si dedica su papado a desarrollar la guerra. El punto culminante del Diálogo son los argumentos de Pedro sobre la misión del Papado.

En vida de Erasmo el mundo se ha vuelto convulso —loco, dice él— y piensa que la Iglesia tiene mucho que ver con ello. Por eso Erasmo estaba escandalizado, aturdido, descontento.

Demasiado frenesí, demasiada libertad de costumbres, demasiado derroche; poco espiritualismo, ningún ascetismo. Roma con su pasión por la elegancia y fastuosidad de la antigüedad no era sino un nido de paganismo tan contrario al humanismo propugnado por Erasmo. "Un siglo extremadamente maléfico, lo más miserable y corrompido que se pueda imaginar", escribía Erasmo en términos amargos.

Toda esta situación era repudiada por Erasmo que buscaba la purificación de las costumbres, la auténtica piedad y la paz entre los príncipes. La concordia, la paz, la buena voluntad tenían un gran valor en los ojos de Erasmo. Escribió en pro de la paz "*Querela pacis* (Lamento por la paz), el adagio *Dulce bellum inexpertis* (Bella es la guerra para los que no la sufren), *Oratio de pace et discordia* (Discurso sobre la paz y la discordia), el coloquio *Caronte o contra la guerra*. Pero en vano. De si mismo dice con humor amargo en el *Caronte*: "Sí, pero ese que dices hace tiempo que predica en desierto."

Según una tradición recogida por Melanchthon y reseñada por Huizinga, el papa Julio tras enterarse de sus opiniones sobre la guerra, habría mandado llamar a Erasmo y le habría dicho que renunciara a escribir sobre los asuntos de los príncipes. Seguramente para no oír cosa como éstas: "El pueblo funda y construye ciudades; después la locura de los príncipes las destruye." Aplicable en este caso a la Iglesia.

Para el pacifismo de Erasmo es la guerra la que trae a los hombres el dolor, la ruina y el sufrimiento.

Su propuesta radical es que el hombre debe cambiar. La razón principal de la infamia de la guerra está en el fracaso de la humanidad y el cristianismo; todo va de mal en peor: laicos, sacerdotes, monjes y obispos son conscientes de que los bautizados no cumplen los mandatos de Cristo.

Los príncipes ansían ampliar sus territorios, enriquecerse y para ello promueven horribles guerras.

Los obispos y el Papa no se distinguen de los príncipes seculares en su única preocupación por el enriquecimiento y la ampliación de los estados pontificios.

Erasmo propone como modelo de verdadero Papado y verdadero principiado, como representantes del poder espiritual y del poder temporal, el cumplimiento del derecho natural y su consecuencia, la libertad, y el cumplimiento de la moral cristiana según el espíritu de la Biblia.

Erasmo contempla para el hombre dos posibilidades: la libertad y el humanismo cristiano o la esclavitud y la barbarie.

Giuliano de la Rovere —Papa Julio II—, de humilde linaje, bajo la protección de su tío Sixto IV amontonó obispados y otras prebendas así como importantes cargos públicos que acrecentaron sus cuantiosos ingresos. Como cardenal intrigó con manejos simoníacos en los cónclaves de 1492 (Alejandro VI), 1503 (Pío III) y 1503 (el de su elección). Por todas estas circunstancias se le calificó de "ambicioso y pérfido cardenal."

Hablaremos de tres aspectos en la vida de Julio II: su comportamiento moral, su mecenazgo y su carácter guerrero.

Su vida moral siendo cardenal está lejos de ser limpia (tuvo un hijo natural) pero siendo Papa no se le puede reprochar vicio notable, sin embargo se le atribuyen todos en el Diálogo.

Su nepotismo fue considerable pero no tan grave y nocivo para la Iglesia como el de Papas anteriores. Sus fiestas en Roma fueron esplendidas con banquetes, cantos y danzas pero no tan escandalosas como las de Alejandro VI.

Julio II no era mejor que Rodrigo Borja, al que trató de marrano y circunciso. En el delicado asunto de los envenenamientos, no se puede atribuir a Alejandro VI una furiosa tendencia y afición a envenenar a los cardenales de la época; si fuese así habría envenenado a cardenales tan hostiles como Ascanio Sforza o Giuliano de Rovere. Se sabe que durante los once años del pontificado de Alejandro VI murieron veintiséis cardenales, mientras que en los diez años de Julio II —nunca tildado de envenenador—, murieron treinta y seis cardenales.

Consecuencia de los vicios y corrupciones de la curia papal fueron las duras criticas y nefastas opiniones de algunos escritores de la época. Aunque la ciudad de Roma es todavía centro nominal de la cristiandad, la irónica verdad es que por medio del mal ejemplo de la Iglesia romana "esta tierra está perdida de piedad y religión," opinaba Maquiavelo; el resultado de este escándalo es que los italianos pasan por ser el pueblo menos religioso de Europa, han llegado a ser el pueblo más corrupto.

Maquiavelo repetía con evidente simpatía un dicho de un consejero francés: "Julio parecía haber sido destinado por el Todopoderoso para la destrucción del mundo", y añadía Maquiavelo que el Papa en realidad "parecía empeñado en la ruina de la cristiandad y en provocar el colapso de Italia." Aunque Julio II procede impetuosamente en todos los asuntos obtiene siempre éxitos (según la teoría de Maquiavelo, más por fortuna que por *virtù*), debido a que nunca tenía que pagar el castigo merecido a su temeridad por su carácter de poder espiritual.

Montaigne para recalcar los escándalos y paganidad de la Curia romana dice en *Ensayos* II, XII: "San Luis no quiso llevar al rey tártaro convertido al cristianismo a Roma para que no se escandalizase; otro que acudió a Roma dedujo la divinidad de la Iglesia en medio de tamaña corrupción."

En el lecho de muerte reconoció *quod maximus fuisset pecator* (que había sido un gran pecador) y que no había gobernado la Iglesia debidamente.

Los príncipes del Renacimiento frente a derrotas militares o adversidades políticas se decantaban por otra forma de exaltación personal: el mecenazgo. Otros *condottieri* italianos, victoriosos pero despreciados como Ludovico Gonzaga o Federico Montefeltro vieron en el mecenazgo artístico un modo de huir de su condición de bárbaros. En el caso de Julio II su mecenazgo artístico radica en su propia exaltación personal, aunque partícipe de la sensibilidad que los príncipes del Renacimiento mostraron al nuevo clima intelectual y artístico.

En honor a la verdad hay que reconocer que Julio II fue el mecenas de grandes artistas sobre todo arquitectos (Sansovino, Miguel Ángel, Bramante, Rafael). Bajo Julio II la presencia de los más grandes artistas en Roma la convirtieron en la capital artística de Europa. Sin embargo, el favor a eruditos, humanistas y poetas fue nulo.

No era Julio II hombre de grandes estudios ni de gran cultura. Erasmo en el epigrama aquí traducido dice: *Vinum amas pro litteris* (te gusta más el vino que los libros). Marcel Brion escribe de él: "prefirió la espada al libro."

Las circunstancias llevaron a los Papas del Renacimiento a convertirse por obligación en diplomáticos y guerreros. Los Papas del siglo XV-XVI (Sixto IV, Inocencio VII, Alejandro VI, Julio II) se vieron inmersos en un sinfín de dificultades debido a que los enemigos trasladaron la guerra a su territorio. Obligados a la guerra acabaron por tomarle gusto, incluso los más pacíficos se contagiaron. Inocencio VII se lanzó alegremente a una serie interminable de conflictos bélicos; Sixto IV murió de rabia el día en que se vio obligado a pactar la paz; Alejandro VI por inclinación personal, fue más pacífico puesto que solo perseguía el placer; Julio II es el papa guerrero por antonomasia. Estuvo comprometido en un sinfín de batallas, guerras, alianzas, ligas, campañas y asaltos.

Todos coinciden, desde Erasmo a Maquiavelo y Guiciardini que Julio II tenía el alma de soldado más que de sacerdote.

Le favorecía en este aspecto el hecho de ser extremadamente activo, férreo de carácter, colérico, áspero en el trato, brutal a veces, fácil en palabras gruesas; ser además un buen jinete. Enfermedades como la gota, la fiebre, los dolores nefríticos, alguna intemperancia en el beber no debilitaron su resistencia a la fatiga y al trabajo.

De su carácter guerrero se podrían destacar algunos hechos.

De su ardor guerrero en las batallas contra los franceses se pueden recordar los hechos siguientes: "Soñando en la conquista de Ferrara se incorpora al ejército de seiscientos jinetes y más de seis mil infantes que intentaban sitiar la pequeña ciudad de Mirándola; tras un mes de asedio vieron los soldados cómo el anciano Papa escalaba la muralla y entraba por una brecha en la ciudad" (García Villoslada).

A fin de reconquistar Perusa y Bolonia salió el Papa dirigiendo personalmente una campaña militar en agosto de 1506. Pudo entrar sin dificultad en Perusa y desde allí partió por vías montañosas casi imposibles a los caballos hacia Bolonia, en donde hizo su entrada aclamado por los habitantes. Menos por Erasmo escandalizado de aquella exhibición militar y guerrera tan indigna de un ministro de Dios.

A JULIO II LIBERTADOR se leía en trece arcos.

La declaración de guerra contra Francia por parte del Papa le pareció al siempre prudente Maquiavelo demencialmente irresponsable. Esperaba que Julio II con su impetuosidad podría probar a ser más el verdugo que el salvador de Italia. El Papa, opina Maquiavelo, puede arrastrar a todo el mundo con él. Afortunadamente Julio II concluyó la Santa Alianza con Fernando de España, que cambió la paz entera de Italia: las tropas hispanas hicieron retirarse a los franceses, saquearon Florencia y la República quedó disuelta (Skinner).

Con su *cuore e animo terribile* no fue el salvador del Pontificado pero sí el salvador del Estado Pontificio unificando los dominios; al grito de "Fuera los bárbaros" para echar fuera a los franceses. Guerreó en todos los frentes a través de múltiples alianzas y múltiples batallas.

Y Erasmo pacifista ataca con sus armas al guerrero Julio II y a todas las guerras.

En València, 19 de marzo de 2011

Diálogo
Julio rechazado del cielo

Interlocutores: Julio, su Genio y Pedro

Julio: ¿Sucede algo malo? ¿Por qué no se abre la puerta? Creo que la cerradura está cambiada o, seguro, estropeada.

Genio:[1] Más bien mira si tú no has traído la llave oportuna; pues la llave que abre esta puerta no es la misma que la del arca de tus tesoros. Además, ¿por qué no trajiste las dos aquí? Por cierto esta es la llave del poder, no de la ciencia.

Julio: Nunca tuve otra que no fuese ésta; y no veo para qué se necesita aquella si se tiene ésta.

Genio: Ni yo tampoco, sino porque de momento se nos prohibe el paso.

Julio: Me hierve la bilis; aporrearé la puerta. ¡Eh! ¡Hola! ¡Abrid alguien al instante, esta puerta! ¿Qué pasa en realidad? ¿Nadie se acerca? ¿Por qué tarda tanto este portero? Creo que está roncando, completamentebebido.

Genio: Como este… todos se pueden medir por él.

Pedro: Menos mal que tenemos una puerta dura como el acero; de lo contrario quien sea que está ahí fuera la habría reventado. Será necesario que se trate de algún gigante o un sátrapa devastador de ciudades. Pero, ¡oh Dios inmortal!, ¿qué clase de cloaca olfateo? No abriré de inmediato la puerta; más bien de momento, desde esta ventana con celosía, observaré esta desfachatez. ¿Quién eres? ¿Qué quieres?

Julio: ¿Por qué no abres la puerta todo lo que puedes? Si quisieras cumplir con tu obligación, te convendría haber venido a mi encuentro, incluso con la solemnidad máxima de los cielos.

Pedro: Demasiado autoritario. Por el contrario, explícame antes quién eres tú.

Julio: ¡Como si en realidad tú no lo vieses!

Pedro: ¿Lo vieses? Yo de verdad no veo sino un nuevo y hasta ahora jamás visto espectáculo, por no hablar de una aparición.[2]

---

1 El personaje representado por el Genio de Julio II es como su conciencia irónica; buena parte de sus intervenciones deben leerse como un "Aparte" en una obra teatral.
2 Refiriéndose a los extraños ornamentos papales.

Julio: Pues si no estás completamente ciego, supongo que reconoces esta llave, si no conoces la encina dorada[1]. Fíjate en la triple corona y además en el manto reluciente todo él de piedras preciosas y de oro.

Pedro: Ciertamente, sea como sea, reconozco la llave de plata, aunque veo una sola y muy diferente de aquellas que me entregó Cristo, verdadero pastor de la Iglesia. Pero esta corona tan imponente, por favor ¿quién podría reconocerla? Una tal corona jamás debió atreverse a llevar ni el más bárbaro tirano, mucho menos quien ahora pide ser admitido aquí. Y este manto en nada me conmueve a mí que las joyas, al igual que el oro, siempre he hollado y despreciado como polvo.

Pero ¿qué es esto? Veo por todas partes, en la llave, en la corona y en el manto los rasgos del impío e impostor comerciante Simón,[2] que lleva mi nombre, aunque mal puesto, a quien yo eché fuera con la ayuda de Cristo.

Julio: Deja estas bromas si eres listo, pues yo, por si no lo sabes, soy Julio el Ligur[3] y reconocerás si no me engaño estas dos letras P.M., si has aprendido a leer.

Pedro: Me parece que significa "Peste Máxima."

Genio: ¡Ah, ja, ja! ¡Cómo este adivino con la aguja tocó la realidad![4]

Julio: Más bien: "Pontífice Máximo."

Pedro: Aunque fueses tres veces máximo, más aún que aquel Mercurio Trismegisto,[5] aquí no serías recibido si no fueras mucho mejor, es decir santo.

Julio: Pues si se trata de ser llamado santo, demasiado insolente eres tú que deberías darte prisa en abrir la puerta, porque después de tantos siglos tú solo eres santo y yo el único llamado santísimo. Así consta en seis mil bulas.

Genio: En realidad burbujas.[6]

---

1 La encina dorada estaba en el escudo de los Rovere, familia de Julio II.
2 Simón el Mago propuso a Pedro comprarle el poder de conferir el Espíritu Santo (Hechos 8,9-24). De donde, Simonía: compra o venta de cosa espirituales, especialmente la obtención por dinero de cargos eclesiásticos.
3 Julio II había nacido en Savona cerca de Génova (Liguria).
4 Según la expresión castellana: "Ha puesto el dedo en la llaga."
5 Nombre latino del griego Hermes Trismegisto, identificado con el egipcio Thot, inventor de la escritura y la ciencia.
6 Varios sentidos de "bulla": ampolla, burbuja, bola. Acompañaba los documentos pontificios: bula.

JULIO: En las que muchas veces soy llamado "santísimo señor"; es más, se me desiguala con el nombre de "santidad", no de "santo", para que de lo que yo quisiera hacer.
GENIO: Incluso bebido.
JULIO: Deberían decir: lo ha hecho la santidad del santísimo señor Julio.
PEDRO: Pues entonces pide el cielo a todos estos aduladores que te declararon santísimo y ellos que te dieron la santidad te concedan también la bienaventuranza.

Aunque de momento pienses que esta no es importante, dime si eres santo.
JULIO: Me irritas. Si se me permitiese estar en la tierra yo no te envidiaría ni la santidad ni la bienaventuranza.
PEDRO: ¡O voz que revela una santísima alma! Por otra parte, examinándote detenidamente encuentro en ti grandes rasgos de impiedad y la más mínima señal de santidad.

¿Qué busca esta extraña pandilla tan poca digna de un pontífice. Pues arrastras contigo casi veinte mil y no observo en medio de tal multitud ni uno con aspecto cristiano. Veo una repugnante masa de hombres que no huelen más que a taberna, vino y pólvora. Me parece que ladrones mercenarios, o mejor, espectros del Tártaro han subido de los infiernos hasta aquí para promover guerras en el cielo. A ti mismo, cuanto más te contemplo menos encuentro vestigio alguno de apóstol. En primer lugar, ¿qué clase de monstruo eres que llevando encima ornamentos sacerdotales, por dentro aterrorizas, haciendo resonar armas ensangrentadas? Además, qué crueles ojos, qué obstinado rostro, qué frente amenazadora, qué soberbio y arrogante entrecejo. Me avergüenza decirlo pero al mismo tiempo lamento ver que ninguna parte de tu cuerpo no esta ensuciada con las huellas de una increíble y abominable lujuria, por no decir que ahora mismo eructas y hueles a crápula y vino y hasta me parece que acabas de vomitar. Tal es el aspecto de tu cuerpo, que pareces ajado, marchito quebrantado no por la edad y enfermedades sino por las borracheras.
GENIO: ¡Con estos colores, qué gráficamente le pinta!
PEDRO: Aunque te veo amenazándome con tu ceño, sin embargo, no quiero callar lo que pienso. Sospecho que Julio, aquel funesto pagano, ha vuelto en persona para reírse de mí: tanto se te parece un todo.
JULIO: ¡Ma di sì!
PEDRO: ¿Qué ha dicho?

GENIO: Está irritado. A esta voz ningún cardenal dejaba de echar a correr, de lo contrario sentiría el bastón del santísimo. Sobre todo en los banquetes.
PEDRO: Me parece que tú conoces bien la índole de este hombre. Dime ¿quién eres?
GENIO: Yo soy el gran Genio de Julio.
PEDRO: También su genio malo, supongo.
GENIO: Tal como soy, soy de Julio.
JULIO: ¿Por qué no acabas con estas tonterías y abres las puertas? ¿O prefieres que las eche abajo? ¿No ves qué compañía traigo?
PEDRO: Cierto, veo ladrones muy expertos. Pero para que lo sepas: estas puertas debes conquistarlas con otras armas.
JULIO: ¡Basta ya de palabras! Si no abres inmediatamente, con el rayo de la excomunión te castigaré, como en ocasiones con él a los más altos reyes y a sus reinos aterroricé. ¿No ves la bula preparada para la ocasión?
PEDRO: Por favor, dime, ¿de qué rayo, de qué trueno, de qué bulas, de qué burbujas me hablas? De todas estas cosas nunca oímos hablar a Cristo.
JULIO: Pero lo sentirás si no me obedeces.
PEDRO: Si en otro tiempo metiste miedo a alguien con esos embustes, nada es igual en este lugar: aquí es preciso que actúes con la verdad. Esta fortaleza se conquista con buenas obras, no con maldiciones. Pero te pregunto: ¿tú me amenazas con fulminarme con la excomunión? Aclárame con qué derecho.
JULIO: Con el mejor, puesto que tú eres un particular sin cargo, nada más que un simple sacerdote y aun más ni siquiera sacerdote puesto que no puedes consagrar. Aun más, cuando los cardenales discuten la elección del nuevo Pontífice, la administración está en mis manos.
PEDRO: O sea, porque estoy muerto.
JULIO: Naturalmente.
PEDRO: Por este motivo en nada me aventajas sino en que estás más que muerto.
GENIO: ¡Cómo sueña todavía los sueños de la vida!
JULIO: ¡Pero abre ya, digo yo!
PEDRO: Si no me detallas tus méritos, digo yo, nada tienes que hacer.
JULIO: ¿Qué méritos?
PEDRO: Te explicaré ¿sobresaliste en la sagrada doctrina?
JULIO: No, ni me dedicaba a ella, ocupado como estaba completamente en guerras. Pero bastante es proporcionar riquezas a mi familia, si esto vale de algo.
PEDRO: ¿Luego por la santidad de tu vida ganaste a muchos para Cristo?

Genio: Para el infierno muchísimos.
Pedro: ¿Destacaste por los milagros?
Julio: Hablas de cosas pasadas de moda.
Pedro: ¿Rezaste con corazón puro y asiduamente?
Julio: Con tonterías bromea este.
Pedro: ¿Con qué ayunos y vigilias mortificaste tu cuerpo?
Genio: Deja, deja; es inútil, con este no pierdas el tiempo.
Pedro: Yo otras dotes buen Pontífice no conozco. Si este tiene otras dotes apostólicas que lo diga.
Julio: Aunque es indigno que Julio, el hasta ahora para todos invicto, ceda ante Pedro, pescador y casi mendigo por no decir otras cosas, sin embargo, para que conozcas la categoría del príncipe que estos despreciando, escucha unas pocas palabras. En primer lugar, yo soy ligur no judío como tú con quien me duele tener en común el haber sido en otro tiempo marinero.
Genio: En nada grave ofendes con esto, pues lo que en verdad interesa es que él pescaba para procurarse comida, tú te sometías a los remos por un pequeño sueldo.
Julio: Además del papa Sixto el más grande.
Genio: En vicios se refiere.
Julio: Sobrino soy, hijo de su hermana[1]. Por singular favor suyo y mi aplicación llegué en primer lugar a las riquezas eclesiásticas, después gradualmente a la cumbre del capelo cardenalicio; tras haber sufrido muchas tormentas del destino y arrebatado para arriba y para abajo por terribles vaivenes y aparte de otras enfermedades, totalmente dominado por la epilepsia,[2] me encontré completamente cubierto por la enfermedad contagiosa que llaman morbo gálico. Por todo esto estaba proscrito, aborrecido, condenado, abyecto para todos y como desahuciado. Sin embargo, yo nunca abandoné la esperanza del sumo pontificado. Tal era la fortaleza de mi espíritu, mientras tú cediste de inmediato asustado por las palabras de una mujerzuela.
A ti una mujer te quitó el ánimo. A mí una mujer fatídica o adivina me fortaleció la confianza, una mujer que cuando, estaba inmerso en tantas desgracias, me susurró al oído: "¡Resiste, Julio, no tengas pereza en hacer o padecer! ¡Algún día lucirás la triple corona! ¡Serás rey de

---

1   No de su hermana sino de su cuñada. El papa Sixto IV era hermano del padre de Julio.
2   El texto latino dice *morbo comitiali*; llamado así porque si se presentaba un caso entre los asistentes impedía la continuación de los comicios. No hay constancia de que Julio II fuera epiléptico.

reyes y señor de príncipes!." Y en verdad no falló ni mi esperanza ni su vaticinio. Contra la esperanza de todos me he abierto paso hasta aquí en parte con la ayuda de los franceses que me acogieron cuando estaba rechazado, en parte con el inestimable poder del dinero conseguido con mucha usura y gran talento.

PEDRO: ¿A qué llamas tú talento?

JULIO: Es decir, con falsa promesas de obispados y contando con usureros de oficio; algunas veces tan gran cantidad de dinero ni el mismo Craso podría disponer en moneda constante. Pero, para qué te cuento todo esto que ni siquiera podría entender los banqueros. Ya sabes cómo llegué. Ya en el pontificado me comporté de tal manera que a ninguno, no de aquellos Pontífices quienes a mi entender fueron Pontífices solo por el título sino tampoco de los recientes, deben tanto como a mí la Iglesia y el mismo Cristo.

GENIO: ¡La bestia interpreta el papel de Trason[1]!

PEDRO: A la expectativa estoy de adonde vas a llegar.

JULIO: Creando muchos nuevos oficios (así los llaman) aumenté grandemente la caja pontificia. Para ello ideé el modo de que evitando el pecado de simonía, se comprasen los obispados.

Evidentemente mis antepasados habían establecido que quien llegase al episcopado debía deponer el beneficio de su cargo. Yo así lo interpreté: se te manda deponer pero no se puede deponer lo que no se tiene todavía, luego hay que comprar lo que debes deponer. Por este procedimiento cada obispado me proporcionaba al instante seis o siete mil ducados, sin contar cuanto, según costumbre, se les exigía por las bulas. Además por la nueva moneda[2] con la que inundé Italia entera conseguí una enorme ganancia. En ninguna parte dejé de acumular riquezas sabiendo, es claro, que sin ellas nada bueno se hace ni sagrado ni profano.

Pero quiero llegar a cosas importantes. A los Bentivoglio arrebaté Bolonia para la sede romana. A los venecianos invictos hasta entonces los aplasté en una expedición militar. Al Duque de Ferrara largamente maltratado por la guerra estuve a punto de hacerlo caer en la trampa. Del conciliábulo cismático me libré felizmente simulando un contra-concilio; como suele decirse, saqué un clavo con otro clavo. Finalmente a los

---

1 Soldado fanfarrón y cobarde en *El eunuco*, de Terencio.
2 Entre 1507 y 1508 Julio II llevó a cabo una reforma monetaria; redujo la moneda a su valor real y puso en circulación la moneda de plata llamada "julio" (García Villoslada).

franceses, terror de entonces de toda la tierra, desalojé de Italia entera, también estaba a punto de desalojar a los españoles (en esto estaba ya) si los hados no me hubieran arrebatado de la tierra. Además, fíjate ahora de cuán invencible ánimo di pruebas. A los franceses siendo superiores empecé por entretenerlos con excusas. Me dejé la barba que me crecía canosa[1] estando la situación al borde de la desesperación; de repente llegó una noticia de gran valor: cerca de Rávena habían sido masacrados unos cuantos miles de franceses. Una vez abolida la más reciente alianza que en Cambrai yo rey de los romanos había cerrado con el rey de los franceses y otros príncipes, nadie hizo de ella la más mínima mención.

Además de todo, habiéndome preocupado del ejército, habiéndolo ennoblecido con tan esplendorosos triunfos, organizado tantos festejos y edificando tantas ciudades defendidas, al morir dejé cinco millones de ducados; mayor cantidad hubiese aportado si aquel médico judío que tantas veces había alargado la vida, la hubiese podido alargar un poco más. Ojalá ahora algún mago me restituya a la vida para poner digno colofón a mis egregios hechos emprendidos. Aunque al morir procuré con esmero que las guerras impulsadas por mí en todo el orbe no se resolviesen paz y me preocupé de que el dinero mientras fuese para ese uso estuviese disponible; esta fue la última palabra cuando exhalaba mi alma. ¿Ahora a un pontífice con tantos méritos ante Cristo y ante la Iglesia te molesta abrir las puertas del cielo? Y más aún se maravillará quién bien sopese que con la sola fuerza de mi ánimo he realizado estas proezas sin ayuda de los apoyos con los que los demás suelen contar. No de nacimiento —pues no conocí a mi padre lo cual manifiesto para mi honor—; no de la belleza, pues a todos horrorizaba mi fea cara; no de las letras que nunca alcancé; no por las fuerzas corporales, pues tuve tales como antes describí ;no por mi juventud pues todo lo realicé ya viejo; no por el favor del pueblo, pues todos me odiaban ,no por bondad, pues fui siempre tan inexorable que me mostré cruel con aquellos a quienes los demás suelen tolerar todo.[2]

---

1   Rafael y Miguel Ángel lo representaron con larga barba blanca, la cual usó solo un año y medio como señal de tensión en su empeño de continuar la guerra hasta derrotar a los franceses.

2   Como Julio César su modelo "Suetonio obligado a dar testimonio de la clemencia de Julio César contó: era benévolo en sus venganzas… los condenó a la crucifixión porque así los había amenazado pero fue tras mandarlos estrangular" (Montaigne, II, *Sobre la crueldad*).

PEDRO: ¿Pero esto qué es?
GENIO: Aunque parezca duro, todavía es lo suave.
JULIO: Pero teniendo en contra el destino, la edad, el cuerpo, en pocas palabras, los dioses y los hombres, confiando sólo en mi ánimo y en las riquezas hice tan grandes proezas en pocos años y legué a la posteridad tanto dinero como para poder seguir actuando incluso durante otros diez años. Todo lo cual lo digo de mí mismo con gran verdad pero humildemente, pero si alguno de los que en Roma suelen hablar acerca de mí lo adornase con sus galas literarias, estarías oyendo hablar de un dios no de un hombre.
PEDRO: Invencible guerrero, todo lo que cuentas es para mí nuevo e inaudito; por favor, perdona mi asombro y mi inexperiencia para que no te resulte molesto responder al ignorante que pregunta por cada asunto. ¿Quiénes son esta multitud vestida de blanco rutilante y de largos cabellos?
JULIO: A estos los sustentaba para mi deleite.[1]
PEDRO: ¿Y estos negros, cubiertos de cicatrices?
JULIO: Soldados y capitanes que por mí y por la Iglesia murieron valientemente, unos en la conquista de Bolonia, buen número en la campaña contra los venecianos, los más en Rávena; a todos ellos se les debe el cielo, y por acuerdo, ya que previamente con magníficas bulas les había prometido que volarían directamente al cielo cuantos bajo los auspicios de Julio hiciesen la guerra y su vida tomara la delantera.
PEDRO: Así pues, por cuanto logro conjeturar, estos eran los que antes de tu llegada me molestaban tantas veces intentando no sólo entrar por la fuerza sino presentando no sé qué bulas de plomo.
JULIO: ¿Qué oigo? ¡Luego no los dejaste entrar!
PEDRO: ¿Yo? Ni a uno de esa pandilla. Esto me enseñó Cristo: que estas puertas no deberían abrirse a quienes llegan aquí cargados de bulas de plomo, sino a quienes vistieron a los desnudos, alimentaron a los hambrientos, dieron de beber al sediento, visitaron a los cautivos, ampararon a los peregrinos. Si incluso quiso rechazar a los que profetizaron en su nombre, a los que echaron a los demonios, a los que hicieron milagros ¿crees tú que debieran ser admitidos los que simplemente traen hasta aquí una bula con el nombre de Julio?
JULIO: ¡Si yo lo hubiese sabido!

---

1   Julio II fue acusado de homosexualidad pero no constan pruebas.

PEDRO: Entiendo; si alguien vuelto de los infiernos te hubiese dado a conocer todo esto, habrías dirigido la guerra contra mí.
JULIO: No habría dejado de excomulgarte.
PEDRO: Pues bien, sigue ¿tú por qué vas armado?
JULIO: Como si no supieras que el Sumo Pontífice le corresponden las dos espadas[1]; a no ser que quieras que vaya desarmado a la guerra.
PEDRO: Pues yo para mantener este lugar no tengo otra espada que la espada del espíritu que es la palabra de Dios.
JULIO: No dice lo mismo Maleo a quien cortaste la oreja con la espada, creo yo.[2]
PEDRO: Lo recuerdo y lo reconozco; pero yo entonces luchaba por Cristo mi maestro no por mí, por la vida del Señor no por dinero y poder temporal y luchaba sin ser todavía Pontífice, sólo tenía prometidas las llaves no aceptadas, todavía no había recibido el Espíritu Santo; por el contrario se me obligó a poner la espada en su sitio como ya antes había sido amonestado de que esta clase de lucha no era propia de sacerdotes ni aún de cristianos. Pero esto fue en otro tiempo; ¿por qué voceas con tanta insistencia que eres ligur? Como si importase de qué familia precede al Vicario de Cristo.
JULIO: Y mucho. Creo que su gran piedad ennoblece a mi gente, por tanto este título de nobleza lo grabo en todas las monedas, las estatuas, bóvedas y paredes.
PEDRO: O sea ¿conoce su patria quien no conoció a su padre? En principio pensaba yo que hablabas de la Jerusalén celeste, patria de los creyentes y de su único rey con cuyo nombre desean otros santificar su nombre o sea ensalzarlo. Y además ¿por qué añades "sobrino de la madre de Sixto"? El tal hombre me extraña que nunca se haya acercado hasta aquí, siendo sumo pontífice y emparentado con tan gran príncipe como tú. Por favor, dime ¿qué clase de hombre fue? ¿Acaso sacerdote?
JULIO: Mucho más, un egregio soldado y de una eximia orden religiosa, la franciscana.
PEDRO: Es verdad, vi a Francisco, en otro tiempo el mejor entre los laicos, despreciar totalmente las riquezas, el placer, la ambición. ¿Acaso aquel pobrecillo tiene ahora estos gobernantes poderosos?

---

1 El papa Bonifacio VIII (s. XIII) en la bula *Unam sanctam* reivindicó las dos espadas: es poder espiritual y terrenal (Gertrand Christian).
2 Episodio de la Pasión narrado en el evangelio de Juan 18, 10.16

Julio: Por lo que veo, no quieres que nadie progrese hacia lo mejor; pobre era también Benito pero sus seguidores son ahora tan ricos que nosotros mismos les envidiamos.

Pedro: Perfecto. Pero vuelve al asunto sobrino de Sixto.

Julio: Enseguida lo haré, al menos para cerrar la boca de aquellos que abiertamente afirman que yo soy su hijo.

Pedro: Abiertamente, ¿pero es cierto?

Julio: Todo este asunto no corresponde a la dignidad pontificia cuya consideración siempre se ha de tener en cuenta.

Pedro: En definitiva, por la misma dignidad parece correcto que deba tenerse conmigo la misma consideración si nada permite que por derecho pueda ser reprobado. Invoco tu majestad pontificia y dime de buena fe: ¿el camino que antes describías es el corriente y habitual para llegar al sumo pontificado?

Julio: Hace ya siglos que no hay otro camino, a no ser que mi sucesor invente otro. Yo mismo, conseguido el sumo pontificado y emitada un tremenda bula, procuré impedir que alguien llegue a este honor por el mismo camino. Una bula tal renové poco antes de mi muerte. Cuanto efecto surtirá lo procuren otros.

Pedro: Creo que nadie hubiera podido describir con más acierto este mal[1]. Pero me extraña que se pueda encontrar a alguien que ambicione este cargo que, como digo, está sujeto a tantas ocupaciones y a enfrentarse a tantos trabajos. Siendo yo pontífice apenas se podía obligar a alguien recibir el honor de presbítero o diácono.

Julio: No es de extrañar, pues en aquellos tiempos el patrimonio y recompensa de los obispos no eran sino fatigas, noches en vela, ayunos, dedicación a la enseñanza y a menudo la muerte; ahora es un reinado y poder absoluto. ¿Quién no luchará, si tiene esperanzas por un reino?

Pedro: Vamos a ver, ¿qué me dices de Bolonia? ¿Acaso se había apartado de la fe y era necesario restituirla a la sede romana?

Julio: ¡Bien dicho! No se trataba de eso.

Pedro: ¿Acaso con la mala administración de Bentivoglio se había debilitado la república?

Julio: No, incluso florecía espléndida aquella ciudad engrandecida y ennoblecida con múltiples edificios y por ello la deseaba ardientemente.

Pedro: Lo comprendo, ¿por eso la tomaste sin derecho?

Julio: No por eso. Me pertenecía por un privilegio.

---

1 La simonía.

Pedro: ¿Acaso los ciudadanos no le soportaban como príncipe?
Julio: ¡Hasta sus mordiscos aguantaban! A mí casi todos me rechazaban.
Pedro: ¿Por qué?
Julio: Porque él de tal manera administraba que de las enormes riquezas que recaudaba de los ciudadanos apenas unos cuantos miles llegaban a mi caja. Además colaboraba con lo que entonces planeaba mi ánimo. Y así haciéndome un servicio los franceses en parte atemorizados por mi furia, dominado Bentivoglio, puse al frente de la ciudad cardenales y obispos para que todas las ganancias llegasen en su totalidad al poder de la Iglesia romana. El título y su dignidad de poder antes parecían estar de su parte, ahora en cualquier parte se ven mis estatuas, se publican mis títulos, adoran mis trofeos; ahora ya por doquier de piedra y bronce se levanta Julio. En una palabra, si hubieses contemplado la magnificencia real de mi entrada en Bolonia quizás despreciarías todos los triunfos de los Octavios y los Escipiones y comprenderías por qué motivo luché valientemente por Bolonia; en verdad habrías contemplado al mismo tiempo la Iglesia militante y triunfante[1].
Pedro: Así pues, reinando tú, según puedo entender, acaeció lo que Cristo nos recomendó pedir: "Venga a nosotros tu reino." Por su parte los venecianos, ¿cómo reaccionaron?
Julio. Primeramente simpatizaron con los griegos,[2] pero enseguida me admitieron casi con gusto y proferían hacia mí aclamaciones.
Pedro: ¿Verdaderas o falsas?
Julio: ¿A qué te refieres? Es un sacrilegio hablar sobre el romano Pontífice si no es para alabarlo. En definitiva, su episcopado hablaba según su opinión, no soportaba ninguna disputa, no compraba beneficios. ¿Qué más necesitas? Con insoportable gasto afligían a la sede romana quienes cogían parte no despreciable de tu patrimonio.
Pedro: ¿De mi patrimonio? ¿De qué patrimonio me estás hablando a mí que, abandonado de todo, seguí a Cristo desnudo?
Julio: Hablo de unas ciudades sobre las que tenía derecho la sede romana: tuvieron a bien los santísimos Padres llamar así[3] a aquella peculiar parte de sus posesiones.

---

1 Desfachatez en las palabras de Julio: la Iglesia militante no es la que guerrea sino la que practica las virtudes cristianas; la Iglesia triunfante no es la que triunfa en la tierra sino en el cielo.
2 Defendían la separación de la Iglesia romana y griega.
3 Dominio de Pedro.

PEDRO: Para infamia mía acumuláis vuestras riquezas. ¿A esto llamáis dispendio intolerable?
JULIO: ¿Por qué no?
PEDRO: ¿No están corrompidas las costumbres? ¿No se había enfriado la piedad?
JULIO: ¡Quita, quita! No me hables de tonterías. Es más, robaban miles y miles de ducados que serían suficientes para alimentar una legión de soldados.
PEDRO: Gran ganancia para un usurero. Pero el de Ferrara,[1] ¿qué había hecho?
JULIO: ¿Quién más ingrato que él? El vicario de Cristo Alejandro le había concedido el honor de darle por esposa a su segunda hija. Añadió como dote un riquísimo señorío, a un hombre por lo demás indolente; sin embargo, olvidando tanta benevolencia ladraba constantemente contra mí repitiendo que era simoníaco, pederasta y de mente trastornada; además reclamaba algunos impuestos, no ciertamente los más importantes, pero no despreciables para un solícito pastor.
GENIO: Sobre todo para un financiero.
JULIO: Esto es lo que en verdad interesa: se aprovechaba de mis planes, se aprestaba a incorporar nuestros dominios por su favorable situación. Procuré, después de derrotarlo, entregar aquel señorío a mi sobrino, hombre audaz, dispuesto a cualquier cosa por la dignidad de la Iglesia, como hiciera poco antes apuñalando por su propia mano al cardenal de Pavía para congraciarse conmigo; el marido de mi hija estaba contento con su suerte[2].
PEDRO: ¿Qué oigo? ¿Los pontífices tienen hijos y mujeres?
JULIO: Mujeres propias no tiene. ¿Qué hay de raro en tener hijos? En definitiva son hombres, no eunucos.
PEDRO: ¿Qué hecho provocó aquel concilio cismático?
JULIO: Muy largo sería repetir el asunto desde su primer origen; lo explicaré brevemente. Algunos empezaban ya a molestar a la curia romana. Decían que por vergonzosos negocios, por extraña y nefanda lujuria, por envenenamientos, sacrilegios, asesinatos, por tráfico simoníacos la

---

1   Alfonso d'Este, duque de Ferrara, casado con Lucrecia Borja. Durante mucho tiempo Ferrara fue libre. En 1510 Julio II la declaró rebelde y la exigió como dominio pontificio.
2   Felice, hija de Julio II, se casó con Giangiordano Ordini no con Francesco Maria della Rovere, sobrino de Julio II y asesino de Francesco Alidosi, cardenal de Pavía (Gertraud Christian).

curia romana estaba manchada por todos los costados. De mí mismo decían que era simoníaco, bebedor, impuro, hinchado por espíritu mundano y de todo punto indigno del cargo que ocupaba con gran ruina del pueblo cristiano. Decían por ello que en situación tan desesperada había que convocar un concilio general. Añadían que yo había jurado convocar un concilio general antes de dos años, después de tomar el cargo, siendo nombrado pontífice con esta condición.

PEDRO: ¿Lo dijiste de verdad?

JULIO: ¿Cómo no? Pero yo mismo de aquel juramento me absolví, cuando me pareció oportuno. ¿Quién dudaría en comprometerse con un juramento si se trata de reinar? En otros asuntos hay que tener fidelidad auténtica como elegantemente dijo otro Julio, mi alter ego. Pero contempla el atrevimiento humano, mira de donde quieren huir. Nueve cardenales se separan, me anuncian un concilio, me invitan, me ruegan que lo presida. Como no lo consiguen, convocan a todos en nombre del emperador Maximiliano (porque según la historia en otros tiempos los emperadores romanos solían convocar concilios) y en nombre del rey francés Luis XII; me horrorizo al contarlo: intentaban desgarrar la túnica inconsútil de Cristo, la misma que dejaron intacta los que crucificaron a Cristo.

PEDRO: ¿Eras tal como decían?

JULIO: ¿Qué importa? Yo era el sumo pontífice. Imagínate más desalmado que los Cercopes,[1] más tonto que Morico,[2] más ignorante que un tarugo, más sucio que Lerna,[3] quien tiene las llaves de este poder debe ser reverenciado como vicario de Cristo, debe ser contemplado como santísimo.

PEDRO: ¿Aunque sea manifiestamente malo?

JULIO: Incluso muy manifiestamente. Porque no se puede aceptar que quien representa a Dios en la tierra, quien es tan elevado como Dios en la tierra, sea reprendido o incluso reprochado por cualquier hombrecillo.

PEDRO: No obstante, el sentido común protesta de que pensemos bien de alguien que abiertamente es malhechor o hablemos bien de quien conocemos sus maldades.

---

1   Dos enanos con aspecto de mono. Heracles los apresó cuando querían robarle su armamento y se los colgó al hombro al extremo de un palo dando frente al trasero de Heracles (Howatson).
2   Sobrenombre dado a Baco, designa al hombre tonto y ridículo. Moría (estulticia).
3   Isla pantanosa donde habitaba la Hidra, monstruo de cien cabezas que mató Heracles.

JULIO: Piense cada uno lo que quiera mientras hable bien o se calle. Además, el Romano Pontífice no puede ser reprendido ni siquiera por un Concilio general.

PEDRO: Yo sólo se que quien ocupa el lugar de Cristo en la tierra debe en lo posible asemejarse a él y obrar en toda su vida de modo que nada se le pueda reprochar y que nadie pueda hablar mal de él con motivo. Por el contrario mal va a los pontífices si para que los hombres hablen bien de ellos los atormentan con amenazas en lugar de conseguirlo con sus buenas obras; a los que no se puede alabar sino mintiendo; cuya mayor gloria consiste en el silencio de los que piensan mal conseguido por coacción. Respóndeme: ¿en ninguna circunstancia puede ser depuesto un pontífice criminal y pernicioso?

JULIO: Ridículo, ¿por quién va a ser depuesto el que es el Sumo Pontífice?

PEDRO: Pues precisamente por esto debería ser depuesto: por ser el Sumo, cuanto más alto más pernicioso. Si las leyes civiles a un emperador que administra mal la república no solo le obligan a abdicar sino que le condenan a la pena capital, ¿tan miserable es la situación de la Iglesia que está obligada a mantener un Romano Pontífice que conculca todos los valores y de ninguna manera librarse de tal calamidad?

JULIO: Si el Pontífice debe ser corregido, hágalo el Concilio; ningún Concilio puede reunirse contra la voluntad del Pontífice de lo contrario es un conciliábulo no un concilio reconocido. Y si me apuras más nada puede establecer contra la opinión del Papa. Está por encima la principal protección, el poder absoluto por el cual el Pontífice, él solo, es superior a todo el Concilio. Además no puede el Sumo Pontífice ser separado de su ministerio.

PEDRO: ¿No por homicidio?
JULIO: Ni por parricidio.
PEDRO: ¿Ni por fornicación?
JULIO: Bonitas palabras. Ni por incesto.
PEDRO: ¿Ni por impía simonía?
JULIO: Ni por innumerables.
PEDRO: ¿Ni por envenenamiento?
JULIO: Ni por sacrilegio.
PEDRO: ¿Ni por blasfemia?
JULIO: Ya lo dije ¡no!
PEDRO: ¿Ni por todos esos crímenes a la vez, reunidos como en una Lerna?[1]

---

1   Referencia a las cien cabezas de la Hidra de Lerna.

Julio: Añade, si te place, mil nombres de maldades más vergonzosas que estas; ni por ellas puede el Romano Pontífice ser depuesto de su cargo.

Pedro: Una nueva dignidad del Romano Pontífice me das a conocer puesto que solo a él le esta permitido ser, sin castigo, el peor de los hombres. Una nueva desgracia para la Iglesia si a una tal monstruosidad no puede echar fuera sino que está obligada a adorar a un Pontífice tal que nadie toleraría como mozo de cuadra.

Julio: Algunos dicen que puede sin embargo ser depuesto por un motivo.

Pedro: ¿Por qué buena acción, por favor? Puesto que por malas acciones no es posible ya que por todas las mencionadas es imposible hacerlo.

Julio: Por el crimen de herejía y ello si públicamente es convicto. Pero esto es una frivolidad ni se opone lo más mínimo a la majestad pontificia. En primer lugar, en su mano está derogar la ley si no le gusta. En segundo lugar ¿quién se atreve a acusar de un crimen a un Pontífice armado con tan grandes defensas? Si por casualidad se le atemoriza con el concilio y no es posible negarlo es fácil la Palinodia[1]. En definitiva hay miles de conejeras por las que es fácil escaparse, a no ser que seas un tarugo y no una persona inteligente.

Pedro: Dime, por tu pontífica potestad, ¿quién instituyó leyes tan preclaras?

Julio: ¿Quién sino la fuente de todas las leyes, el Romano Pontífice? A él corresponde derogar, interpretar, ampliar, restringir la ley según crea conveniente a sus intereses.

Pedro: Dichoso tal Pontífice si puede promulgar una ley que elude a Cristo y mucho más al Concilio. Aunque contra Pontífice de tal ralea, como lo describiste antes, claramente malvado, bebedor, homicida, simoníaco, envenenador, perjuro, avaricioso, sucio por toda clase de lujuria es claramente deseable no que un Concilio general sino mejor aún, el pueblo armado con piedras lo quite de en medio como plaga del orbe. Pero dime, ¿por qué razón tú como Pontífice tienes tanto horror al Concilio general?

Julio: ¿Por qué no preguntas a los reyes por qué odian tanto el Senado y las Asambleas? Naturalmente para que la regia dignidad no se vea oscurecida por el conjunto de tan excelsos varones: los que son letrados aportan confianza y audacia; los dotados del sentido del bien hablan más libremente de lo que nos conviene; los que sobresalen por su

---

1 i.e. retractarse. Estesícoro —según la leyenda— fue castigado con la ceguera por calumniar a Helena en un poema. La visión le fue devuelta cuando se retractó y escribió su famosa *Palinodia* (Howatson).

dignidad usan su autoridad. Entre ellos hay algunos que envidian mi gloria y consigo llevan la intención de arrebatar al Pontífice las riquezas y la autoridad. En fin, todos asisten pensando que cualquier cosa les está permitido decir, so pretexto del Concilio, contra el Pontífice, por lo demás, admirablemente invencible. Por ello, casi ningún Concilio acabó tan exitosamente que el Sumo Pontífice sufriese alguna merma de su majestad y resultase disminuido en su suma dignidad. De lo cual tú mismo puedes ser testigo si no se te ha olvidado; pues aunque entonces se trataba de asuntos sin importancia y no de riquezas, de emperadores y reyes como ahora, sin embargo Santiago se atrevió a añadir algo en contra de tus palabras; tú querías liberar a los gentiles de la ley mosaica pero Santiago contra tu opinión dijo que debían abstenerse solo de la fornicación, de la sangre de las víctimas y de comer la carne sacrificada a los ídolos; de manera que hasta hoy hay quien trastornado por este asunto piensa que no a ti sino a Santiago pertenecía la autoridad de Sumo Pontífice[1].

PEDRO: Tú solo piensas en que salga ilesa la regia majestad del Sumo Pontífice y no en lo que es útil para el pueblo cristiano.

JULIO: Cada uno busca su propio provecho; nos trabajamos para nuestro negocio.

PEDRO: Si Cristo hubiese hecho lo mismo ni existiría ya la Iglesia de la que te jactas de ser rey y no comprendo este desacuerdo: que quien se alegra de ser llamado vicario de Cristo siga caminos contrarios a Cristo. Pero explica esto: ¿con qué artimañas desbaratas el concilio cismático como tú lo llamas?

JULIO: Te lo explicaré si puedes seguirme. Primeramente, al emperador Maximiliano (tal título le dan) como es uno de los que menos dificultades presenta, aunque por solemnes legados había convocado al Concilio, por procedimientos que mejor no declarar lo aparté de este plan. Por el mismo método[2] persuadí a unos cuantos cardenales para que cuando ya estaba establecido con documentos públicos, lo negaran, en esta ocasión presentando notarios y testigos.

PEDRO: ¿Esto es lícito?

JULIO: ¿Qué no es lícito si lo aprueba el Sumo Pontífice?

PEDRO: ¿Qué? De manera que si quiere, un juramento no es un juramento y libra de él aquí y allá a quien quiere.

---

1   Episodio narrado en los Hechos de los Apóstoles. Capítulo 15.
2   Soborno.

JULIO: Por decirlo sinceramente, esto era un poco vergonzoso pero no tenía otra escapatoria. Además preveía que iba a ser presionado por algunos por mi rechazo al concilio, especialmente porque estaba decidido que no iba a ser excluido sino que con súplicas sería invitado y rogado a presidirlo; mira qué artimaña encontré siguiendo el ejemplo de mis antecesores. Yo mismo convoqué a mi vez un Concilio alegando que ni el tiempo ni el lugar establecido por ellos era idóneo. Convoqué inmediatamente un Concilio en Roma,[1] al cual pensaba yo que no vendría ningún enemigo de Julio o al menos nadie que pusiera obstáculos —así los había adoctrinado con muchas advertencias— y rápidamente nombré para este fin numerosos cardenales apropiados a mis fines.

GENIO: Es decir, muy canallas.

JULIO: Si no hubiese convocado yo este otro Concilio no lo habría habido. Sin embargo no convenía a mis planes que se reuniese en él gran multitud de obispos y abades, entre los cuales podría suceder asistiera más de uno honrado y piadoso; advertí para que se ahorraran gastos y que cada región enviara uno o máximo dos.

Además cuando advertí que no estaba suficientemente seguro (pues pocos de tantas provincias se habían convertido en un gran número) les advertí, incluso si ya estaban en camino, que no viniesen, que el concilio se había pospuesto a otra fecha inventando para ello causas de todo punto razonables. Con estas artimañas, rechazada la mayoría, de nuevo adelantado el día que se había anunciado. Convoqué en Roma el Concilio solamente con aquellos que había preparado para el caso. Entre los cuales, aunque hubiese quien disintiera de mí, tenía asegurado que nadie se opondría a Julio que les superaba en guardias armados. Al tiempo promoví una campaña de odio contra el conciliábulo francés, enviando cartas a todas partes en las que mencionaba nuestro sacrosanto Concilio, execrando su asamblea llamándola "corrillo de Satanás", "conciliábulo del diablo", "conspiración cismática."

PEDRO: Es claro que los cardenales y príncipes promotores del conciliábulo eran gente muy perversa.

---

1   El concilio convocado por Maximiliano I y Luis XII empezó a reunirse en Pisa (1511), después de trasladó a Milán (1512); al rebelarse Milán contra los franceses el conciliábulo se trasladó a Astí y allí a Lyon donde se disolvió triste y miserablemente: pretendiendo ser un "concilio reformador" fracasó por apoyarse en la política de Luis XII.
    Entretanto Julio II convocó un legítimo Concilio general en Roma: Concilio V de Letrán (1512-1513) (García Villoslada).

JULIO: De sus costumbres no me quejo. La cabeza de esta empresa fue el cardenal de Ruán, que no sé por qué afán de santidad intentaba constantemente reformar la Iglesia; tuvo éxito en algunos lugares; la muerte se lo llevó haciéndome el mayor regalo. Le sucedió el cardenal de la Santa Cruz, español, de vida intachable pero rígido, anciano y teólogo:[1] esta clase de hombres son casi siempre nefastos para el Romano Pontífice.

PEDRO: ¿Este teólogo no indicaba con su proceder que probablemente había alguna cosa que reformar?[2]

JULIO: ¡Muchísimas! Decía que nunca los tiempos habían sido tan intranquilos como ahora; que nunca la Iglesia había tenido enfermedades tan intolerables y por tanto había que ayudarla con un concilio general; que yo desde que fui elevado al Sumo Pontificado estaba obligado por un juramento a convocar un concilio en el segundo año de mi pontificado y de tal forma obligado que no podía ser liberado de este juramento ni por el acuerdo de los cardenales; muchas veces fui advertido y suplicado por mis hermanos los cardenales, interpelado por los príncipes y algo más importante había llegado a mis oídos: estaba en boca de todos que viviendo Julio nunca habría concilio. Citaban testimonios de anteriores concilios; citaban algunas leyes pontificias con las que hacían ver que si yo con las mías eludía el concilio, el derecho de convocarlo recaía en ellos. El conjunto de príncipes estaban de acuerdo en que la obligación pertenece al Emperador Romano, que en otro tiempo convocaba solo, y al rey francés, el príncipe con mayor rango.

PEDRO: ¿Escribían contra ti cosas tan indignas?

JULIO: Estos sinvergüenzas eran más listos de lo que yo quisiera. El asunto más odioso lo trataban con admirable moderación y no solo reprimían sus improperios sino que hablaban sin olvidar mis títulos honoríficos, suplicando y rogando por lo más sagrado y santo, según yo merecía, que tal como lo había prometido convocase el concilio, lo presidiese y, al unísono con ellos, me entregase a la tarea de remediar los males de la Iglesia. Es imposible decir cómo esta moderación avivaba mi ira, sobre todo porque sus escritos los fundamentaban en textos sagrados; es claro que había algunos muy preparados entre sus eruditos. Presentaban al par ayunos, oraciones, una admirable frugalidad en sus vidas para así presionarme más con su fama de santidad.

---

1 Bernardino López de Carvajal; esperaba ser sucesor de Alejandro VI; partidario de la reforma. Presidió la sesión de apertura de conciliábulo de Pisa (Gertrud Chrístian).
2 El verbo utilizado por Erasmo significa literalmente "remendar".

PEDRO: ¿Por contra, tú con qué título llamabas a Concilio?

JULIO: Con el más deslumbrante: dejaba claro que yo, el primero, había decidido reformar la cabeza de la Iglesia, es decir a mí mismo, después a los principales cristianos y después al pueblo cristiano entero.

PEDRO: ¡Bonita comedia! Espero ya una catástrofe. Me gustaría saber qué decidieron aquellos teólogos en conciliábulo de Satanás.

JULIO: Cosas indignas, abominables; mi alma no soporta recordarlas.

PEDRO: ¿En verdad, tan vergonzosas?

JULIO: Totalmente impías, sacrílegas y más que heréticas. Si no me hubiese defendido de ellos con pies y manos, es más, con armas y astucia, se habría atacado la dignidad de la Iglesia de Cristo.

PEDRO: Tengo gran interés en conocerlo.

JULIO: Me horroriza contarlo; tramaban estos malvados que la Iglesia, floreciente en riqueza y poder, volviera a las pasadas morbideces y despreciable austeridad; que los cardenales, que ahora con el esplendor de su vida aventajaban a muchos príncipes, volviesen a la pobreza; que los obispos viviesen estrechamente con menos soldados y menos caballos. Habían decretado que los cardenales no ocuparan por doquier obispados, abadías, prebendas; pensaban que debía reprimir a quienes por medios lícitos o ilícitos, según decían, acumulan si pueden un gran número de prebendas y se contentasen con las ganancias suficientes para su sencillo ministerio; que nadie fuera nombrado Sumo Pontífice, obispo o sacerdote mediante dinero, correspondiendo a otro favor o por vergonzoso obsequio sino por los méritos de su vida; si algo de esto se descubriera se depusiera al momento; que era lícito apartar de su cargo al Romano Pontífice claramente indigno; que los obispos mujeriegos y bebedores sean retirados de su cargo; que los sacerdotes abiertamente malhechores no solo se les arranque su prebenda sino también un miembro de su cuerpo[1]; muchas otras cosas por el estilo. Me disgusta enumerar todo lo que pretendían para cargarnos con la santidad y descargarnos de riqueza y poder[2].

PEDRO: Como respuesta contraria ¿qué se estableció en el sacrosanto Concilio de Roma?

JULIO: Me parece que ya has olvidado lo que dije: so pretexto de Concilio lo único que pretendía era sacar un clavo con otro clavo. La primera

---

1 Parece insinuar la castración.
2 Con fina ironía, Erasmo manifiesta aquí sus propias ideas sobre la reforma de la Iglesia, no las conclusiones del conciliábulo de Pisa.

asamblea se dedicó a las solemnes ceremonias legadas como modelo que por su antigüedad todavía agrada observar aunque no vengan al caso; se determinaron dos actos sagrados, uno en honor de la Santa Cruz y otro en honor del Espíritu Santo como si por su inspiración todo se hubiera tratado; después se recitó un panegírico a mi persona. En la siguiente sesión, con todo el ardor posible lance rayos contra aquellos cardenales cismáticos declarando que todo cuanto ya habían determinado o preparaban determinar era el colmo de la impiedad, del sacrilegio y de la herejía. En la tercera sesión con el mismo rayo, por haber sido trasladado el conciliábulo a Lyon, aterroricé a Francia exceptuadas unas concretas regiones, con lo cual intentaba alejar del rey los ánimos del pueblo y provocar movimientos de división entre región y región. Cuando concluyó el Concilio lo proclamé con bulas para que tuviese más autoridad, enviándolas especialmente a los que parecían más cercanos a mi bando.

PEDRO: ¿Nada más se concluyó?

JULIO: Se concluyó lo que yo quería, vencí puesto que solo mis decretos tenían validez. En pública ceremonia privé de su dignidad cardenalicia a tres cardenales que se mantuvieron en sus propósitos; sus prebendas las transferí a otros para que no pudiesen recuperarlas; los entregué a Satanás, más gustosamente los hubiese entregado a las llamas si hubiesen caído en mis manos.

PEDRO: Tal como lo cuentas parece que los decretos del conciliábulo cismático no eran más santos que los del sacrosanto Concilio; pero me parece que en este solo se profirieron amenazas tiránicas, maldiciones y crueldad astuta. Si Satanás fue el instigador de aquel conciliábulo parece ser que esta más cerca de Cristo que el espíritu —no sé cual— que inspiró vuestro concilio.

JULIO: Más aún; lo que dices piénsalo de nuevo. Con mis decretos maldije a todos los que de cualquier manera apoyaron aquel conciliábulo.

PEDRO: Este miserable todavía tiene el espíritu del viejo Julio, ¿cómo acabó en definitiva este asunto?

JULIO: Lo dejé como estaba: que la fortuna lo dirija donde quiera.

PEDRO: El cisma se mantiene: es claro.

JULIO: Se mantiene y muy peligroso.

PEDRO: ¡Tú, vicario de Cristo, preferiste el cisma a un verdadero Concilio!

JULIO: Hasta trescientos cismas preferiría antes que someterme al orden y tener obligación de dar explicaciones de mi vida.

PEDRO: ¡Lo tienes claro!

Julio: ¿A ti qué te importa?

Pedro: Lo entiendo; no era práctico remover aquel lodazal. ¿Quién venció?

Julio: Está en manos de la fortuna, pero yo tengo mucha más riqueza. Los franceses están exhaustos por largas guerras. Los ingleses tienen todavía montes de oro intactos. Pudo vaticinar sin ninguna clase de duda que si vencen los franceses —¡qué horror!— cambiarán el nombre de las cosas: el sacrosanto Concilio será llamado conciliábulo de Satanás; yo, espectro de pontífice pero no Pontífice; junto a ellos estará el Espíritu Santo y yo habría actuado con el espíritu de Satanás. De verdad tengo gran confianza en las riquezas acumuladas para que esto no pase.

Pedro: ¿Por qué se atacó a los franceses y a su rey a quien tus antecesores honraron con el título de "cristianísimo"? Teniendo, además, en cuenta lo que tú confiesas: con su ayuda venciste tú y fuiste elevado a esta más que imperial corona y recuperaste Bolonia y otras ciudades, dominaste a los venecianos invictos hasta entonces. ¿Cómo méritos tan recientes has borrado de tu memoria? ¿Cómo rompiste tantas alianzas?

Julio: Contar toda esta historia es muy largo. Pero lo resumiré diciendo que no cambié nada. Cuanto había concebido antes mi pensamiento, empecé entonces a hacerlo realidad. Cuanto por exigencias de la situación antes había disimulado, entonces lo manifesté abiertamente. A los franceses nunca los quise bien —tómalo como dicho por el trípode[1]—; ningún italiano quiere sinceramente a los bárbaros, no, ¡por Hércules! Más que el lobo a las ovejas. Pero yo no soy solo italiano sino también genovés, me servía de aquellos amigos mientras necesitaba de su ayuda, puesto que hasta entonces me había servido de la ayuda de los bárbaros. Entretanto aguanté mucho, mucho disimulé, mucho engañé aunque en definitiva algo hice, algo permití. Cuando la situación había llegado al punto donde yo quería sólo quedaba que yo actuara como un verdadero Julio y toda aquella escoria la hiciera desaparecer de Italia.

Pedro: ¿Qué clase de fieras eran los que tú llamas bárbaros?

Julio: Son hombres.

Pedro: Hombres, ¿pero no cristianos?

Julio: Y cristianos. ¿Pero qué importa?

Pedro: Así pues, cristianos ¿pero sin leyes, sin cultura, llevando una vida primitiva?

---

1 i.e. por un oráculo. En Delfos se representaba al dios Apolo sentado en un trípode como si fuese un trono. La Pitia también se sentaba en un trípode para emitir sus profecías (Howatson).

JULIO: En estos aspectos llevan una vida floreciente y, ¿cómo no?, también en las riquezas que es lo que más envidio.
PEDRO: ¿Qué significa el sobrenombre de bárbaro? ¿Qué cuchicheas?
JULIO: Lo diré de una vez. Los italianos aunque están confusamente hechos de la mezcla de las más bárbaras naciones al igual que una cloaca, sin embargo por mor de la literatura de los paganos se llenaron de esta locura: que los nacidos fuera de Italia se llamen bárbaros; sobrenombre que a su parecer es más vergonzoso que llamarlos parricidas o sacrilegios.
PEDRO: Eso parece. Si por todos los hombres murió Cristo y según él no hay diferencia alguna entre las personas y proclamándote tú vicario de Cristo, ¿por qué con el mismo corazón no abrazas a todos entre quienes Cristo no estableció diferencia?
JULIO: Desearía por igual abrazar a indios, africanos, etíopes, griegos, si al menos pagando sus impuestos, reconocieran mi dominio. Pero no contamos por motivo reciente con los griegos[1] porque demasiado tercos no reconocieron la majestad del Romano Pontífice.
PEDRO: O sea ¿cómo si la sede romana fuese el hórreo del mundo entero?
JULIO: Y grande: cosechamos los bienes materiales porque sembramos nuestros bienes espirituales para todos[2].
PEDRO: ¿Cómo dices "espirituales"? Hasta ahora no te he oído sino cosas mundanas. ¿Acaso sacas provecho de la sagrada predicación de Cristo?
JULIO: Algunos predican si quieren; no se lo prohibimos mientras no hablen contra nuestra majestad.
PEDRO: ¿Por qué?
JULIO: ¿Por qué? ¿Por qué a los reyes se les concede tanto como exigen si no es porque todos reconocen como recibido de ellos cuanto poseen, aunque no lo hayan recibido? De igual modo todo lo sagrado debe atribuírseme aunque ronque toda la vida. A pesar de ello damos generosamente indulgencias por poco dinero; perdonamos los pecados graves por una cantidad no muy grande; en cualquier lugar y tiempo bendecimos a quienes nos encontramos y, por cierto, gratis.
PEDRO: Nada entiendo de todo esto. Pero vuelve a donde empezamos, ¿por qué tu santísima majestad aborrece tanto a los bárbaros, para, revolviendo cielo y tierra, expulsarlos de Italia?

---

1   Alusión al Concilio de Florencia (1439), en el que no hubo una clara reconciliación entre la Iglesia griega y latina (Gertrand Christian).
2   Descarada inversión de Gal. 6, 8: "el que siembra en espíritu, del espíritu cosechará vida eterna."

JULIO: Te lo diré: todos los bárbaros son supersticiosos y especialmente los franceses; con los españoles nos entendemos bastante bien en lo que respeta a la lengua y las costumbres, aunque también a éstos queríamos echar fuera para que se nos permitiese vivir a nuestro aire.

PEDRO: Aparte de Cristo ¿adoran a otros dioses?

JULIO: Todo lo contrario, le adoran de una manera demasiado exagerada. Es maravilloso cómo con determinadas palabras antiguas y actualmente en desuso se emocionan incluso ahora... los muy necios.

PEDRO: ¿Palabras mágicas, quizás?

JULIO: Dices tonterías; con palabras como simonía, blasfemia, sodomía, envenenamiento, sortilegio.

PEDRO: ¡Bonitas palabras!

JULIO: Como tú ahora las aborreces, también ellos.

PEDRO: Paso por alto las palabras, pero ¿las realidades están contigo por no decir con algunos cristianos?

JULIO: En realidad, los bárbaros no se entregan a estos vicios pero padecen otros diferentes; maldicen los nuestros y condescienden con los suyos; nosotros condescendemos con los nuestros y arremetemos contra los suyos. Nosotros consideramos detestable la infamia y que justa o injustamente se ha de evitar la pobreza. Ellos apenas aceptan como cristiano el disfrutar de las riquezas, incluso adquiridas honradamente. Nosotros no nos atrevemos ni a nombrar la ebriedad (aunque en esto no me opongo gran cosa si en lo demás están de acuerdo); los germanos la consideran algo más ligero y festivo más bien que pecado. Ellos condenan la usura pero nosotros pensamos que esta actividad humana es al tiempo necesaria a la Iglesia de Cristo. El amor contra natura tan vergonzoso lo consideran que con solo nombrarlo creen que se ha manchado el aire y sol; nosotros tenemos una opinión muy diferente. Aunque la palabra simonía, por la fuerza de las cosas ha tiempo que desapareció, ellos la temen como a la oscuridad y están atemorizados por leyes antiguas de tiempos pasados; nosotros lo vemos de otro modo. De igual manera, hay muchísimas otras cosas en las que no estamos de acuerdo con los bárbaros. Por ello, teniendo un estilo de vida tan diferente hay que alejarlos de nuestros misterios sobre todo si sospechamos que no los van a comprender. Pues una vez que hayan conocido los secretos de nuestra curia, enseguida los divulgaran y no sé por qué razón son muy perspicaces para reprender los vicios; escriben a los suyos cartas blasfemas; andan gritando por doquier que yo no estoy sentado en la sede de Cristo sino en el estercolero de Satanás;

discuten sobre mí si ya conseguido el pontificado y viviendo de este modo pueda ser tenido como pontífice. De esta forma van aminorando la opinión de santidad y autoridad entre los ingenuos que solo han oído de mí que soy vicario de Cristo y que tengo en mis manos un poder casi igual al de Dios. Estas cosas producen un quebranto intolerable para la Iglesia de Cristo: vendemos menos dispensas y más baratas; ganancias menos abundantes llegan de obispados, canonjías y abadías; el vulgo si algo se le exige lo da de buena gana; en una palabra: de todas partes más cortas ganancias e infructuoso comercio. En fin, nuestros rayos cada día atemorizan menos. Si alguna vez se arriesgan a decir que el malvado Pontífice no reacciona, despreciando mi rayo y mis amenazas, sencillamente llegaría a pasar hambre. Si se quedan lejos (así es el carácter de los bárbaros) serían gratificados suntuosamente y les apoyaríamos con cartas escritas de todo corazón.

PEDRO: No te va muy bien, si de esto depende la autoridad apostólica: de que tu vida no se conozca, de que no se descubran tus tretas. Nosotros no deseábamos sino que todo el mundo conociera todo cuanto hacíamos incluso en las alcobas; nos íbamos multiplicando conforme éramos plenamente conocidos. Pero explícame, ¿príncipes tan religiosos hay en el mundo y tan gran reverencia tienen hacia los sacerdotes que por voluntad de uno y de tal categoría, se lancen a las armas al unísono? En mis tiempos lo soportábamos como a odiosos enemigos.

JULIO: En lo que se refiere a mi vida no son especialmente escrupulosos. No me desprecian sin más y consideran mis cosas como frivolidades, menos algunos, los más débiles entre ellos, que temen el terrible rayo de la excomunión; pero les importa menos la excomunión que sus consecuencias. Hay quien espera nuestra ayuda y la teme y por ello confía en mi autoridad. Para otros es incuestionable que les caerá una gran desgracia si intentan hacer negocio con cualquier prebenda. Casi todos educados como están como ciudadanos son aficionados a los festejos a los cual les incito pues se ofrecen a la gente ceremonias cual espectáculos teatrales. Pero tratemos ahora de cosas serias. A los príncipes los adornamos con espléndidos títulos aunque sean falsos: a éste llamamos "católico", a aquel "serenísimo"; al otro "ilustrísimo", a este "augusto" y a todos "queridísimos hijos." Ellos a su vez me llaman "Santísimo Padre" y hasta se inclinan para besar mis pies; cuando no se trata de algo muy importante ceden fácilmente a mi autoridad con lo que se granjean entre el pueblo fama de piadosos. Yo les envío rosas bendecidas, coronas, espadas y doy fe de su autoridad con bulas altisonantes. Ellos a su vez me envían caballos, soldados, dinero e incluso niños alguna vez, y así, como dicen "los mulos se rascan mutuamente."

PEDRO: Si tales son, no logro entender por qué pacto pudiste convocar a tan grandes reyes a terribles guerras sobre todo, con tantos pactos rotos.

JULIO: Si ahora pudieses comprender mis palabras descubrirías una inteligencia superior a la de un apóstol.

PEDRO: Lo intentaré en la medida de mis capacidades.

JULIO: Ante todo puse gran interés en conocer muy bien de todas las gentes, y especialmente de los príncipes, el carácter, las costumbres, inclinaciones, riquezas e intenciones, quién con quién está de acuerdo, quién con quién discrepa, para de todos ellos sacar provecho. En primer lugar, enfrenté con toda facilidad a los franceses con los venecianos ya que les une una antigua e inveterada rivalidad; además sabía que aquellos estaban ávidos de extender su imperio y los venecianos ya les habían ocupado algunas ciudades. Uní mis negocios con sus intereses. Entonces el Emperador, por lo demás no demasiado amigo de los franceses, como no tenía otra esperanza de arrebatar a los venecianos las ciudades ocupadas (se trataba de algunas ciudades importantes) temporalmente se unió a esta guerra. Además como no me gusta que los franceses se hicieran demasiado fuertes (las cosas iban sucediendo con más éxito de lo que yo quería) incité al rey de España contra ellos; no era por cierto, un hombre de fidelidad diamantina, a quien en todo caso favorecía que el poderío de los franceses se debilitase por varios motivos pero también para poder conseguir el reino de Nápoles. Para ello, aunque no estaba de acuerdo, para poder enviarlos contra los franceses, fingiendo acogí con buena cara a los venecianos que estaban irritados por el dolor de un reciente descalabro. Al Emperador que poco antes se había unido a los franceses, de nuevo lo enfrenté a ellos, en parte por dinero que tanto vale para quienes lo necesitan, en parte también reavivando el viejo odio contra los franceses por medio de embajadas y cartas. Es increíble que aquel hombre estuviese siempre como en ascuas para la guerra, aunque le faltara la posibilidad de vengarse. De los ingleses yo conocía que tenían un odio congénito a los franceses y contra sus vecinos los escoceses; los consideraba una nación feroz y belicosa sobre todo por el ansia de saqueo; tanto más cerca está la impiedad cuanto más alejado de Roma. Recientemente con nuevas libertades (que les había llegado con la muerte del más severo de los reyes) se habían vuelto arrogantes y alborotadores, de manera que ahora podían ser arrastrados a cualquier locura; era lo que yo más deseaba.

Se añadió a la conveniencia de mis planes un rey muy joven[1], casi un muchacho y recién nombrado rey, de carácter ingenuo, agudo y vivo al tiempo que juvenil, es decir, inquieto y belicoso, no sólo ambicioso por su edad sino dispuesto a grandes empresas. Del cual, ya desde su niñez se decía que planeaba atacar a los franceses; muy importante: estaba emparentado con el rey de España, al cual había arrastrado a las armas. Todas estas circunstancias aproveché en beneficio de la Iglesia; con cientos de cartas escritas con astucia involucré a los príncipes en la más terrible de las guerras; con nadie dejé de intentarlo ni con el rey de los húngaros,[2] ni con el de Portugal,[3] ni con el duque de Borgoña, de linaje real[4]. Como no les concernía este asunto no pude convencerlos pero me di cuenta de que los demás no estarían quietos si estos no lo estaban. Aunque habían actuado de acuerdo con su propia voluntad recibieron un título honorífico: cuanto mayor descalabro infiriesen a un pueblo cristiano tanto más aparentaba que defendían piadosamente a la Iglesia de Dios. Para que te maravilles de mi astucia y mi felicidad. El rey de España[5] estaba entonces en guerra contra los turcos con increíble éxito y máxima ganancia para él y sin embargo, abandonándolo todo, empleó sus ejércitos contra los franceses. Sucedía que el emperador estaba ligado no sólo con innumerables pactos sino también con inmensas deudas estaba atado a los franceses y además a expensas de ellos con su ayuda había recuperado sus ciudades en Italia. ¿Qué haría ahora? Para defender sus posesiones ya había renunciado a Padua; en Borgoña había vencido a los güeldreses,[6] enemigos muy peligrosos contra los cuales, con la ayuda de su tío el príncipe de Borgoña, había promovido una guerra. Sin embargo conseguí que, dejando sus asuntos, se entregase a los míos. Ningún pueblo hay para el cual menos valga la autoridad del Sumo Pontífice que los ingleses (esto era claramente así hasta que alguien cambió la vida de Santo Tomás de Canterbury[7] y las Constituciones de los reyes anteriores; este pueblo, en otro tiempo

---

1 Enrique VIII.
2 Ladislao II.
3 Manuel de Portugal.
4 Archiduque Carlos, después emperador Carlos V.
5 El rey Fernando realizó una victoriosa campaña norteafricana con la conquista de Orán y Bugía.
6 Condado de Güeldres (Gerderland), situado cerca de la desembocadura del Rin y el Mosa.
7 Santo Tomás Becket, arzobispo de Canterbury (+ 1170).

tan incapaz de tolerar los tributos, soportó ser despellejado casi por completo. Admirable también cómo los sacerdotes que estaban acostumbrados a defraudarme cuanto podían les obligué a que pagasen un tributo al rey sin darse cuenta que habían abierto contra los reyes una ventana trasera,[1] aunque ni siquiera los reyes advirtieron que habían provocado un mal ejemplo contra ellos mismos, es decir, en adelante sería lícito al reino sacerdotal romano deponer al príncipe que le desagradase. El joven rey emprendió este asunto con más ímpetu del que yo mismo deseaba o que había aconsejado, aunque, la verdad, prefería que pecase en este aspecto. Sería largo explicar con detalle con qué argucias arrastré a tan peligrosa guerra contra cristianos a aquellos príncipes a los que ningún Pontífice había podido arrastrar ni contra los turcos.

PEDRO: Pero podría suceder que el incendio de las guerras provocado por ti prendiese en todo el mundo.

JULIO: Que prenda, mientras la Sede Romana tenga asegurada su dignidad y sus posesiones; no obstante intenté desplazar el peso de la guerra desde Italia hacia los bárbaros; peleen ellos cuanto quieran, yo esperaré y quizás me aproveche de su locura.

PEDRO: ¿Tal cosa es propia del pastor, Padre Santísimo y Vicario de Cristo?

JULIO: ¿Por qué provocan un cisma?

PEDRO: Alguna vez incluso hay que soportar los pecados si mayor mal se hace con el remedio. Por lo demás, si hubieses aceptado un concilio no se habría dado lugar a un cisma.

JULIO: ¡Palabras bonitas! Yo prefiero mil guerras a un concilio. ¿Y si me destituyen del pontificado pensando que soy simoníaco y comprador del pontificado pero no Pontífice? ¿Y si conociesen por completo mi vida y la diesen a conocer al pueblo?

PEDRO: Aunque fueses verdadero Pontífice, sería preferible abandonar el cargo antes que defender tu dignidad con tan terribles males para el orbe cristiano, si es que tiene dignidad un episcopado indignamente conseguido y ni siquiera conseguido sino comprado y usurpado. Me viene de pronto a la mente que tú, por cierto plan divino, fuiste la ruina para los franceses que antes te atacaron como la ruina de la Iglesia.

JULIO: Por mi triple corona te juro, por mis afamados triunfos, que si irritas mi bilis, también probarás el poder de Julio[2].

---

1 Un precedente.
2 Se puede rememorar en esta frase la escena real de Julio II saltando de su sillón contra Miguel Ángel gritando y moliéndolo a palos, o contra el cardenal Sode-

PEDRO: ¡Qué loco! Hasta ahora solo he oído a un jefe no eclesiástico sino mundano y no sólo mundano sino pagano y no sólo pagano, el más criminal de los paganos. Te glorías de cuánto poder tenías para romper pactos, para hacer estallar guerras, para provocar matanzas humanas. Ese es poder de Satanás no de un Pontífice. Quien se hace Vicario de Cristo conviene que le imite cuanto pueda. Hay en él pleno poder pero unido a plena verdad; hay plena sabiduría unida a plena sencillez. En ti veo la imagen del poder unida a plena maldad y plena estupidez. De manera que si el diablo príncipe del mal quisiera delegar en un vicario suyo ¿con quién más semejante a él se asociaría que contigo? Dime ¿cuánto has ejercido como apóstol?

JULIO: ¿Qué más apostólico hay que engrandecer la Iglesia de Cristo?

PEDRO: Si la Iglesia es el pueblo cristiano reunido en el espíritu de Cristo, me parece que la Iglesia la arrasas tú que convocas al mundo entero a terribles guerras, para quedar tú, malvado y nefasto, sin castigo.

JULIO: Yo llamo Iglesia a los templos de Dios, a los sacerdotes, especialmente la curia romana y ante todo a mí, que soy la cabeza de la Iglesia.

PEDRO: Cristo nos hizo servidores y Él cabeza, a no ser que haya crecido una segunda cabeza. Pero ¿en qué se ha engrandecido la Iglesia?

JULIO: Ahora llegas al meollo y te lo explicaré. Antes la Iglesia era famélica y pobre; ahora resplandece con toda clase de esplendor.

PEDRO: ¿Cuáles? ¿Por la llama de la fe?

JULIO: ¡Otra vez con tonterías!

PEDRO: ¿Por la santa predicación?

JULIO: Me cargas. No seas pesado.

PEDRO: ¿Por el desprecio de las cosas mundanas?

JULIO: Déjame explicártelo: por los auténticos ornatos, pues todo eso son palabras huecas.

PEDRO: ¿Cuáles?

JULIO: Palacios reales, espléndidos caballos, mulas, abundante servidumbre, ejércitos bien entrenados, escoltas ejercitados...

GENIO: Prostitutas hermosísimas, alcahuetes obsequiosos...

JULIO: Oro, púrpura, impuestos, de manera que cualquier rey parezca despreciable y pobre si se compara con las riquezas y el clamor del Romano Pontífice; nadie tan ambicioso que no se reconozca superado; nadie

---

rini, enarbolando su bastón golpeó violentamente al pobre Cárdenas gritándole: "Si vuelves te mato" (Marcel Brion).

tan suntuoso que no desprecie su frugalidad; nadie tan rico y usurero que no envidie mis riquezas. Este esplendor asegurado y en aumento.

PEDRO: Pero dime, ¿quién fue el primero que ensució y lastró con esas pompas a la Iglesia que Cristo quiso que fuese al tiempo purísima y sin trabas?

JULIO: ¿Qué importa? Tengo lo más importante, lo poseo y lo disfruto; algunos dicen que Constantino al papa Silvestre le transfirió la plena majestad del Imperio, condecoraciones, caballos, carros, escudos, aderezos, mantos militares, escoltas, espadas, coronas de oro y de oro purísimo, ejércitos, máquinas de guerra, ciudades, reinos.

PEDRO: ¿Hay testimonio cierto de esta generosidad?

JULIO: Ninguno, excepto una Palea[1] añadida a los decretos.

PEDRO: Un cuento, vaya.

JULIO: Es lo que supongo. ¿Quién en su sumo juicio cedería tan magnífico imperio ni a su padre? Me gusta mucho creerlo pero a los ansiosos de saber que intentan rechazarlo como falso les impongo con amenazas el más estricto silencio.

PEDRO: Hasta ahora sólo oigo cosas mundanales.

JULIO: Tú sigues soñando todavía aquella Iglesia en la que algunos famélicos obispos ejercían de miserable pontífice, sujeto a pobreza, sudor, peligros y otras mil incomodidades. Pero el tiempo lo cambia todo. Cosa muy diferente es ahora el Pontífice Romano; tú tenías nada más el nombre y título de Pontífice. ¿Qué dirías si vieras ahora tantos sagrados templos edificados con materiales nobles, tantos miles de sacerdotes por doquier, la mayoría de ellos con extensas posesiones, tantos obispos iguales en armas y riquezas a los más grandes reyes, tantos espléndidos palacios religiosos, sobre todo si ahora contemplas en Roma tantos cardenales purpurados escoltados por legiones de servidores, tantos caballos más que regios, tantas mulas adornadas con lino fino, oro, piedras preciosas, algunas incluso herrados sus cascos con oro y plata? Si vieses al Sumo Pontífice, sublime, ser llevado en silla de oro a hombros de soldados; si vieras a todos adorando su mano movida una y otra vez; si oyeras el estrépito de los cañones, el son de las trompetas, el estrépito de las

---

1 "Palea" (i.e. polvo, paja) designa en el Derecho Canónico un pasaje de "Derecho Graciano" (publicado entre 1140-1150). Este decreto formó parte del *Corpus Juris Canonici* hasta la publicación del Código de Derecho Canónico (s. xx). La "palea" en cuestión contiene la llamada "Donación de Constantino", según la cual el emperador concedió al papa Silvestre la posesión de Roma y de Italia. Lorenzo Valla (1440) fue el primero en demostrar su carácter apócrifo.

tubas, si vieras los fogonazos de las máquinas de guerra, los aplausos del pueblo, las aclamaciones, todo resplandeciendo a la luz de las antorchas; si vieras los más nobles príncipes a duras penas esforzarse para poder besar mis santos pies; si contemplases al Pontífice romano imponer con el pie[1] la corona de oro al Emperador Romano que es el rey de todos los reyes (si todavía están en vigor los derechos escritos), aunque nada consigue sino la sombra de su imponente título; todo esto, repito, si vieras y oyeras, ¿qué dirías en definitiva?

PEDRO: Que me pareces un tirano extremadamente mundano, un enemigo de Cristo, la perdición de la Iglesia.

JULIO: De otro modo deberías hablar. Si contemplases una sola de mis entradas triunfales, por ejemplo, en Bolonia o la que realicé en Roma, después de vencer a los venecianos, o de nuevo en Bolonia tras huir de Roma, o la ultima entrada triunfal que realicé en esta misma ciudad habiendo aniquilado a los franceses junto a Rávena contra toda esperanza; si contemplases los ponis y los caballos, las filas de los soldados armados, las galas de los capitanes, los juegos de los muchachos escogidos, las antorchas encendidas por doquier, la suntuosidad de las literas; si vieses la ostentación de los obispos, la fastuosidad de los cardenales, los trofeos, el botín, las aclamaciones del pueblo y de los soldados resonando hasta el cielo; si oyeses el estrépito enorme de los aplausos, el sonido de los clarines, el trueno de las tubas, los fogonazos de las bombardas, las monedas esparcidas entre la plebe; si me contemplases a mí mismo como un dios sublime transportado en alto, motivo y creador de toda esta fiesta, entonces a los Escipiones, Emilios, Augustos, comparados conmigo los tendrías por insignificantes y mezquinos.

PEDRO: ¡Alto! Basta de entradas triunfales, fanfarrónisimo soldado[2]. Es más aunque paganas las tomo como odio a ti que, muertos por tu causa tantos miles de cristianos, aún celebres los triunfos como padre amantísimo en Cristo; de muchas legiones te erigiste como responsable de su muerte pero ni una almita[3] ganaste para Cristo ni con la palabra ni con tu vida, ¡oh entrañas paternales! ¡Oh, digno vicario de Cristo quien a sí mismo se sacrificó para salvar a todos! Tú solo para salvar tu vida perniciosa, provocaste la ruina del orbe entero.

---

1   Tremenda exageración entre tanta fanfarronería.
2   Original: *miles gloriosissime*; evocación del *Miles gloriosus* de Plauto.
3   Original "Animula"; evocación de los versos de Adriano: *animula, vagula, blandula hospes, comesque corporis.*

Julio: Hablas así porque envidias mi gloria si consideras cuán pobre fue tu episcopado comparado con el mío.

Pedro: ¿Te atreves, desvergonzado, a comparar tu gloria con la mía? Mi gloria no es mía sino de Cristo. Ante todo, si aceptas que Cristo es la primera y verdadera Cabeza de la Iglesia, él me dio las llaves del Reino, él me encomendó apacentar las ovejas; él aprobó mi fidelidad con su elogio. A ti el dinero, los afanes de los mortales, los engaños te hicieron pontífice, si alguien así puede ser llamado pontífice. Yo gané para Cristo muchos miles de almas, tú otras tantas muertes trajiste. Yo, el primero evangelicé Roma antes pagana, tú te erigiste como maestro de cristiana paganidad. Yo con la sombra del cuerpo sanaba enfermos, yo liberaba a los endemoniados, devolvía los difuntos a la vida, y por donde iba todo lo llenaba de buenas obras. ¿Algo parecido hicieron tus entradas triunfales? Podía con la palabra a quien quería entregar a Satanás y cuánto podía lo experimentaron Safira y su marido[1]. Cuanto de poder tenía lo empleé por entero en utilidad común; tú inútil para todos, cuanto podías (¿qué es lo que no podías?) lo convertiste en una ruina general del orbe.

Julio: Me extraña que en el catálogo de tus glorias no incluyas también pobreza, desvelos, trabajos, procesos, cardenales, cadenas, injurias y finalmente la cruz.

Pedro: Tienes razón, pues de estas cosas me gloriaba más que de los milagros; de estas cosas mandó Cristo alegrarnos y regocijarnos, por estas cosas nos llamó dichosos. Así Pablo, un tiempo apóstol como yo, deseando ensalzar sus hechos no recuerda ciudades tomadas por las armas ni legiones masacradas con la espada, ni príncipes de la tierra convocados a la guerra, ni lujos tiránicos sino naufragios, cárceles, azotes, peligros, emboscadas[2]: este es el triunfo verdaderamente apostólico, esta es la gloria de un guía cristiano. Se alaba él de cuántos engendró en Cristo, de cuántos arrancó de la impiedad, no de cuántos miles de ducados amontonó. En fin a nosotros que celebramos con Cristo el triunfo eterno hasta los malos nos acompañan; a ti nadie dejará de aborrecerte a no ser los semejantes a ti y los aduladores.

Julio: Estoy oyendo lo nunca oído.

---

1 Episodio narrado en Hechos de los Apóstoles, cap. 5: Ananías y Sáfira retuvieron parte del dinero de la venta de un campo sin entregarla a los apóstoles, y cayeron muertos al instante.
2 Pasaje autobiográfico de San Pablo en la Segunda Carta los Corintios, cap. 11.

PEDRO: Lo creo. ¿Cuánto tuviste tiempo para abrir los textos evangélicos para leer y releer las cartas de San Pablo y las mías, ocupado como estabas en tantas embajadas, pactos, cuentas, ejércitos, entradas triunfales? Las demás actividades, todas requieren un alma limpia de sórdidos intereses; la enseñanza de Cristo exige un corazón desarraigado de todo contagio de preocupaciones terrenales. Tan gran maestro no descendió del cielo a la tierra para enseñar a los mortales una filosofía cómoda y vulgar. No es tranquilo ni seguro el proclamar que se es cristiano. Despreciar los placeres cual veneno, pisotear la riqueza como barro, estimar la vida en nada: ésta es la profesión del hombre de Cristo. Esas cosas como parecen intolerables a quienes no son movidos por Cristo, estos las convierten en vanas palabras y simples ceremonias y añaden a la ficticia cabeza de Cristo un cuerpo ficticio[1]

JULIO: En total ¿qué de bueno me dejas si me quitas el dinero, si me arrebatas el poder, si me despojas de la usura, si me privas de los placeres, si en definitiva, me quitas la vida?

PEDRO: ¿Acaso declaras desdichado al mismo Cristo que siendo superior a todos se convirtió en escarnio de todos? En pobreza, trabajos, ayunos, hambre pasó toda su vida; y murió con las más vergonzosa de las muertes.

JULIO: Hoy en día encontrarás a alguien que lo admire pero a nadie que lo imite.

PEDRO: Alabar es ya lo mismo que imitar. Cristo no priva a los suyos de sus bienes sino que, en lugar de los falsos, los enriquece con los verdaderos y eternos bienes; no los enriquece si previamente no renuncian a todos los bienes de este mundo y los eliminan. Quiso que la Iglesia fuese totalmente semejante a él, es decir, totalmente ajena a los contagios de este mundo. Por lo demás, ¿quién inmerso en el fango podría identificarse con él que está sentado en el cielo? Cuando se despoje de todas las comodidades de este mundo y, lo más importante, de todas las pasiones entonces Cristo le mostrará sus riquezas; en lugar de los abandonados dulces placeres (aunque empapados en abundante amargura) le concederá el gozar de las alegrías celestiales, riquezas mucho más valiosas que las que renunció.

JULIO: ¿Cuáles, por favor?

PEDRO: Si tú no consideras valiosas riquezas el don de la profecía, el don de la ciencia, el don de los milagros, si tú consideras vulgar a Cristo

---

1 Han desfigurado a Cristo, cabeza de la Iglesia, y también a la Iglesia.

mismo (quien lo posee, en él lo posee todo); finalmente si consideras que aquí no llevo yo una vida pobre. De manera que cuanto alguien en el mundo más afligido vive tanto más se goza en Cristo; cuanto más pobre en el mundo tanto más rico en Cristo. Cuanto más despreciado en el mundo tanto más ensalzado y honrado en él. Cuanto menos vivió en el mundo tanto más vive en Cristo. Al igual que quiso que todo su cuerpo fuese purísimo, también lo quiso de sus ministros, es decir, los obispos; y entre ellos cuanto más importante es alguno tanto más semejante sea a Cristo y desembarazado y desprovisto de todas las delicias del mundo. Por contrario, estoy viendo a alguien que quiere estar cerca de Cristo y tenido casi como igual, metido de lleno en suciedades, riquezas, poder, ejércitos, guerras, pactos, por no hablar de los vicios. Además, siendo tan ajeno a Cristo abusas del nombre de Cristo para tu soberbia y so pretexto de Cristo que despreció el reino de este mundo, te comportas como un tirano y un auténtico enemigo de Cristo; exiges el honor debido a Cristo. Tú, maldecido, bendices a los demás; abres a otros el cielo del que tú estás rechazando; tú, execrado, consagras; excomulgas tú que no tienes nada en común con los santos. ¿Qué diferencia entre ti y el Sultán de los Turcos excepto que tú pones el nombre de Cristo como excusa? Pero en verdad, el pensamiento es el mismo, las inmundas vidas tan iguales: tú la mayor ruina del orbe.

JULIO: En realidad yo quería una Iglesia repleta de toda clase de bienes. Dicen que Aristóteles estableció tres ordenes de bienes: las riquezas, los bienes del cuerpo y los bienes del alma. Yo no quise invertir el orden de estos bienes y empecé por las riquezas; quizás poco a poco hubiese llegado a los bienes del alma si la prematura muerte no me hubiese arrebatado de la tierra.

PEDRO: ¿Prematura? ¡Si eres septuagenario! ¿Qué necesidad había de mezclar el agua con el fuego?[1]

JULIO: Porque si falta la prosperidad le importamos un bledo al pueblo; es más ahora temen y odian[2]. Todo el reino cristiano se desmoronaría por completo si no puede defenderse del poder de los enemigos.

PEDRO: Todo lo contrario; si el pueblo cristiano viese en ti dotes cristianas, o sea, vida santa, enseñanzas sagradas, caridad ardiente, sabiduría, virtudes te alabaría más porque se daría cuenta de que estás limpio de los bienes de este mundo; el reino de Cristo florecerá más si fuese

---

1 Cosas tan opuestas: Cristo y las riquezas.
2 Conocido Adagio (II 9, 62) *Oderint dum metuant* (Que odien con tal que teman).

elogiado por los gentiles a causa de la pureza de vida, por el desprecio de los placeres, de las riquezas, del poder, de la muerte. Ahora no sólo está disminuido sino que si lo examinas bien encontrarás muchos cristianos sólo de nombre. Por favor, ¿no te preguntabas en tu interior cuando eras sumo pastor de la Iglesia con qué procedimiento nació la Iglesia, aumentó y se consolidó? ¿Acaso con guerras, con riquezas, con caballos? Al contrario con padecimientos, con la sangre de los mártires y mías, con cárceles y azotes. Tú dices que la Iglesia ha crecido porque sus ministros están cargados con poder humano; adornada la llama cuando está ensuciada con los regalos y delicias del mundo; voceas que está defendida cuando el mundo entero está enredado en nefastas guerras a favor del bolsillo de los sacerdotes; floreciente dices cuando está ebria de los placeres de este mundo; tranquila porque sin oposición ninguna goza de riquezas y de vicios; infundiste estas ideas a los príncipes que, adoctrinados por tus enseñanzas, a sus grandes latrocinios y terribles conflictos los llaman "Defensa de Cristo."

JULIO: Nunca he oído cosas tales.

PEDRO: ¿Qué te enseñaron los oradores?

JULIO: De ellos no escuchaba sino meras alabanzas: con floridas palabras hacían resonar mis panegíricos, proclamaban que era como Júpiter golpeando con su rayo, como un verdadero Dios, la salvación general y otras muchas cosas de este estilo.

PEDRO: Me extraña que no hubiera alguien sensato que te sazonase siendo tú la sal pero insulso e insípido[1]. Es ministerio propio de un apóstol enseñar a los demás sin engaño.

JULIO: ¡Bueno! ¿Me abres?

PEDRO: A cualquiera antes de que a tal monstruo. Para ti todos estamos excomulgados. ¿Quieres un buen consejo? Tienes una tropa de hombres esforzados, tienes riquezas inmensas, eres tú un buen constructor: constrúyete un paraíso bueno pero bien fortificado para que no sea conquistado por feos demonios[2].

JULIO: Haré algo digno de mí; me ocultaré algunos meses y engrosados mis ejércitos os arrojaré de aquí por la fuerza, a no ser que os rindáis antes. No dudo que en breve tendré a mi lado sesenta mil hombres muertos con los estragos de la guerra[3].

---

1 Alusión al texto de Mt 5. 13: "Vosotros sois la sal de la tierra, mas si la sal se desvirtúa ¿con qué se la salará?."
2 Curiosa palabra latina: utilizada por Erasmo: *cacodaemonium*.
3 Graciosa escena evocada aquí: sesenta mil zombis al asalto del cielo.

PEDRO: ¡Oh, catástrofe! ¡Oh, desgraciada Iglesia! ¡Hola, genio! Contigo es más agradable hablar que con este repugnante monstruo.
GENIO: ¿Qué hay?
PEDRO: ¿Todos los demás obispos son también de esta guisa?
GENIO: Buena parte son de esta pasta, pero este es el jefe de todos.
PEDRO: Entonces, ¿tú provocaste a este hombre a tantas ignominias?
GENIO: Yo no. Es más corría, delante de él ayudado por mis alas para no ser alcanzado.
PEDRO: La verdad no me extraña que hasta aquí lleguen tan pocos, puesto que tal plaga se asienta en el gobierno de la Iglesia. Desde aquí me doy cuenta de que todo el pueblo podría salvarse y sospecho que por sólo el título de Pontífice lleva el honor de tan sórdida cloaca.
GENIO: Dices verdad. Pero ya me hace señas mi señor y amenaza con el bastón. ¡Que vaya bien!

Nota bibliográfica

Tratándose de un tema en el que se implican Erasmo, Maquiavelo y un Papa del Renacimiento, la bibliografía debería ser inmensa. Aquí sólo la de "usar y tirar."

BRION, Marcel: *Miguel Ángel,* Barcelona, 2003, Vitae.

——*Maquiavelo.* Barcelona, 2005, Ediciones B.

CASTELLOTE, Salvador: *Reformas y contrarreformas en la Europa del siglo XVI.* Madrid, 1997, Akal.

COMPANY, Ximo: *Els Borja. Espill del temps.* València, 1992. Alfons el Magnànim.

ERASMO DE ROTTERDAM: *Coloquios.* Madrid, 2001, Espasa.

GARCÍA VILLOSLADA, Ricardo S.J. y LLORCA, Bernardino S.J.: *Historia de la Iglesia Católica,* vol. III: La Iglesia en la época del Renacimiento. Madrid, 1960, B A C.

HUIZINGA, Johan: *Erasmo.* Barcelona, 1987, Salvat.

MARI, Pierre: *Humanisme et Renaissance.* Paris, 2000. Ellipses

ROLLO GRAS, Asunción: *Erasmo y la prosa renacentista española.* Madrid, 2003, Laberinto.

SKINNER, Quentin: *Maquiavelo.* Madrid, 1998, Alianza Editorial.

TALLÓN, Alain: *La Europa del Renacimiento.* Barcelona, 2009, Da Vinci Continenta.

VIROLI, Maurizio: *La sonrisa de Maquiavelo.* Barcelona, 2000, Tusquets Editores.

www.ingramcontent.com/pod-product-compliance
Lightning Source LLC
Chambersburg PA
CBHW022000100426
42738CB00042B/1023